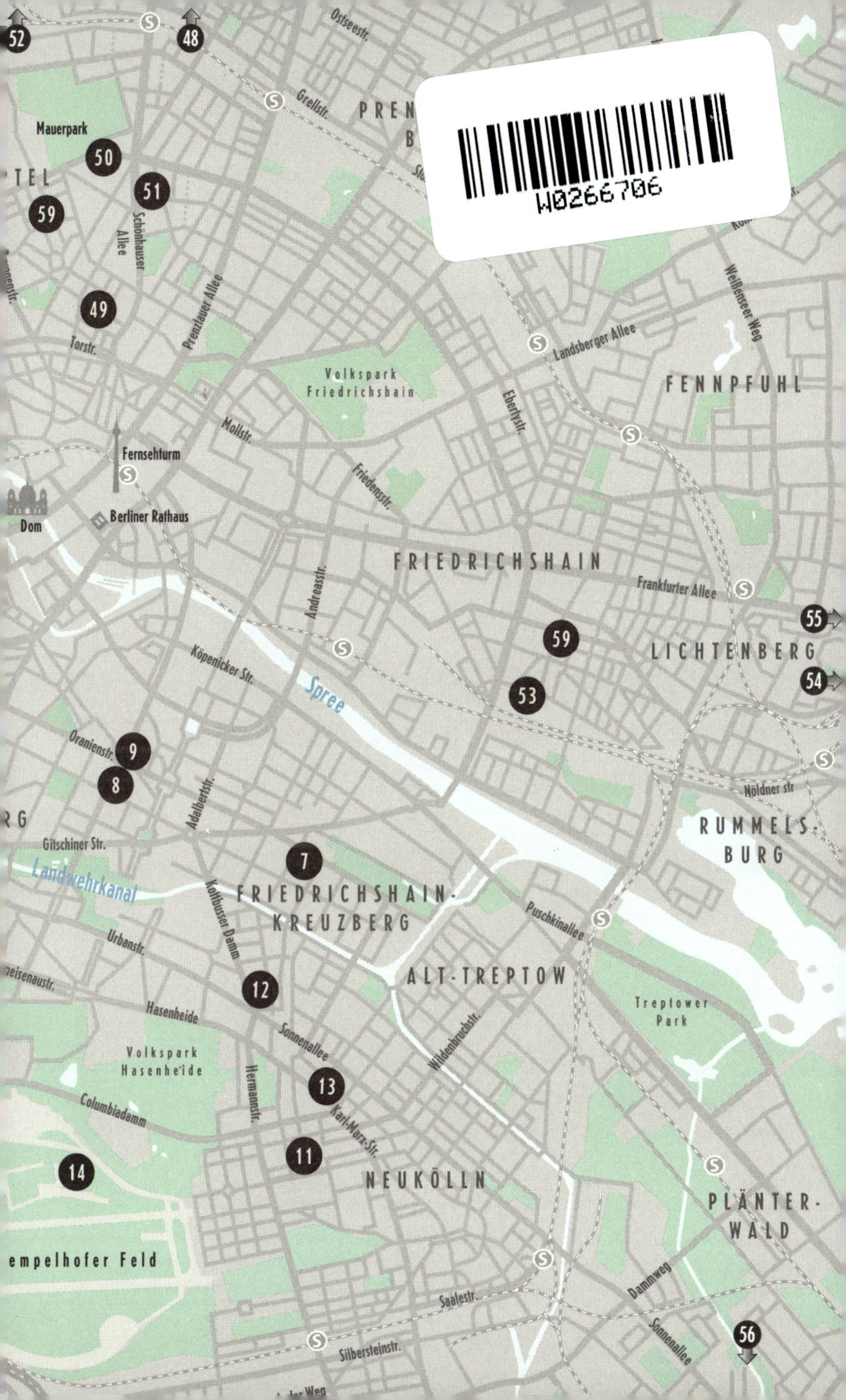
52
48
Ostseestr.
Grellstr.
PREN
B
Mauerpark
50
51
TEL
59
Schönhauser Allee
49
Torstr.
Prenzlauer Allee
Landsberger Allee
Weißenseer Weg
Volkspark Friedrichshain
FENNPFUHL
Eberlystr.
Mollstr.
Fernsehturm
Friedensstr.
Dom
Berliner Rathaus
FRIEDRICHSHAIN
Frankfurter Allee
55
Andreasstr.
59
LICHTENBERG
Köpenicker Str.
Spree
54
53
Oranienstr.
9
8
Adalbertstr.
Nöldner str
RG
RUMMELS-BURG
Gitschiner Str.
7
Landwehrkanal
FRIEDRICHSHAIN-KREUZBERG
Kottbusser Damm
Puschkinallee
Urbanstr.
ALT-TREPTOW
12
Hasenheide
Treptower Park
Sonnenallee
Volkspark Hasenheide
Wildenbruchstr.
Hermannstr.
13
Columbiadamm
Karl-Marx-Str.
11
14
NEUKÖLLN
PLÄNTER-WALD
empelhofer Feld
Dammweg
Saalestr.
56
Sonnenallee
Silbersteinstr.

insel taschenbuch 4664

Bettina Rust

Berlin – Lieblingsorte

LIEBLINGSORTE

Insel

BERLIN

BETTINA RUST

MIT FOTOGRAFIEN DER AUTORIN

Mit großem Dank an
Marcus und Lucas

3. Auflage 2019

Erste Auflage 2018
insel taschenbuch 4664
Originalausgabe

Vertrieb durch den Suhrkamp Taschenbuch Verlag
Umschlaggestaltung und Layout: Marion Blomeyer, München
Illustrationen: Ryo Takemasa, Tokio
Karten: Peter Palm, Berlin
Satz: Greiner & Reichel, Köln
Druck: CPI – Ebner & Spiegel, Ulm
Printed in Germany
ISBN 978-3-458-36364-4

INHALTSVERZEICHNIS

TIERGARTEN

PRENZLAUER BERG, FRIEDRICHSHAIN

MARZAHN

OBERSCHÖNEWEIDE

LÜBARS

QUER DURCH DIE STADT

Mitte

1

ZWISCHEN DEN S-/U-BAHNHÖFEN FRIEDRICHSTRASSE UND HACKESCHER MARKT

So schön ist diese Stadt

MONBIJOUBRÜCKE
ZWISCHEN AM KUPFERGRABEN
UND MONBIJOUSTRASSE
10117 BERLIN

Ständig verändert sich alles. Kaum groovt sich das Leben ein, passiert etwas, das eine Neujustierung erfordert. Man muss neu denken, neue Wege nehmen, neue Systeme anwenden. Global ist das bekanntermaßen so, aber eigentlich reichen auch lokale Veränderungen, um alles auf den Kopf zu stellen. Kleine Dinge, eine Baustelle beispielsweise, genau vorm Haus. Schon fühlt sich das Leben anders an. Für ein Jahr wird gehämmert, gebaggert, Staub wirbelt durch die Luft, Kräne wackeln, halb gelöste Abdeckplanen flattern wütend durch windige Nächte, es gibt keine Parkplätze mehr, kein Vogelgezwitscher und keine offenen Sonnenfenster, dafür stehen zwei Dixi-Klos auf dem Bürgersteig. Das sind die kleinen, die alltäglichen Veränderungen, mit denen es sich leben lässt, zähneknirschend. Was aber, wenn durch einen blöden Umstand, eine Schicksalsfügung, der Job wegkracht und um weiterarbeiten zu können, müsste man beispielsweise nach Bad Godesberg ziehen? Ausgerechnet! Oder was, wenn man sich haltlos in jemanden aus Papua-Neuguinea verliebt? Natürlich ist das eine konstruierte Situation, aber ich habe mir überlegt, welche Gründe es für mich geben würde, um meiner Stadt den Rücken zu kehren. Vielleicht wäre die Liebe das einzige Argument. Bad Godesberg käme jedenfalls nicht in Frage. Und so wie man sich manchmal mit schwerem Gemüt absichtlich Salz in die eigene Wunde streut und sehr, sehr traurige Songs hört, die das Schwere nur noch schwerer erscheinen lassen, so würde ich mich zum Abschied auf den Weg machen zu einem Platz, an dem mir jedes Mal das Herz aufgeht, zu einem Ort, der mir zuverlässig sagt: Berlin, du liebenswerte Stadt, ich bin so froh, hier leben zu dürfen.

Ich ginge zur Monbijoubrücke, die über die Spree und über den Kupfergraben führt. Wie ein starker Arm berührt sie die Spitze der Museumsinsel mit dem Pergamon-Museum, der Alten Nationalgalerie, dem Neuen und dem Alten Museum und dem stolzen Berliner Dom, als müsste sie dem ergriffenen Besucher Halt geben beim Betrachten des majestätischen Bode-Museums mit seiner großen Kuppel, links der Blick vorbei Richtung Alexanderplatz und noch weiter links dann das Monbijoutheater mit dem angrenzenden Park, wo im Sommer Berliner und Touristen grillen, in der Strandbar sitzen, aufs Wasser schauen und in mancher Sommernacht unter bunten Lichterketten Tango tanzen, rund um die Uhr dekoriert von wenigen Frachtschiffen, Bötchen und zahllosen Ausflugsdampfern mit Namen wie »Frohsinn« oder »Sanssouci«. Und wer sich dreht auf dieser Brücke, der schaut über die Ebertbrücke zur Friedrichstraße, Richtung Berliner Ensemble, Friedrichstadtpalast, Deutsches Theater. Es ist ein ästhetisches und lebendiges 360-Grad-Panorama, voller Abwechslung, Geschichte und einer ganz bestimmten Eleganz, die in Berlin tatsächlich nicht so häufig zu finden ist, ohne gleich wieder Abstriche machen zu müssen. Eigentlich würde ich mir keinen Gefallen tun damit, ich würde leiden wie ein Hund, aber hier nähme ich Abschied von Berlin, wenn ich müsste.

2

S-/U-BAHNHOF ORANIENBURGER STRASSE

Ü100 und dabei komplett alterslos

CLÄRCHENS BALLHAUS
AUGUSTSTRASSE 24
10117 BERLIN

TEL. 030 282 9295
TÄGLICH AB 11, AN DEN WE BIS 4
WWW.BALLHAUS.DE

Wäre »Clärchens Ballhaus« eine Person, dann säße man im Zug gerne neben ihr, denn sie könnte sicherlich hinreißende Geschichten erzählen. Nicht nur für mich gehört dieser Ort zu den wenigen Plätzen, die dabei helfen, sich wenigstens versuchsweise zurückzuversetzen in ein Berlin, das mit der heutigen Stadt nichts mehr gemein hat. Wie einer der letzten Zeitzeugen, jemand, der zwei Jahrhundertwenden mitmachte, zwei Weltkriege und mehr als zwei Staatsformen überdauerte. Jetzt steht er immer noch da, erhaben, hübsch anzusehen in seinem alten Gewand, umgeben von Coffeeshops, schicken Läden und modernen Galerien. Wäre »Clärchens Ballhaus« also eine Person:

100 Jahre Hochbetrieb!

Sie würde sich wundern. Aber sie nähme es mit Humor.

Das 1895 erbaute Haus wurde 1913 vom Ehepaar Fritz und Clara als »Bühlers Ballhaus« eröffnet. Rund 900 Ballhäuser gab es zu Kaisers Zeiten in Berlin, dieses war eins davon – und um das schon mal vorwegzunehmen: Es ist das einzige, in dem auch heute noch fast täglich getanzt und gefeiert wird. Das Etablissement mit dem großen Tanzsaal im Erdgeschoss und einem 120 Quadratmeter großen imposanten Spiegelsaal fand schnell sein Publikum. Der Maler Heinrich Zille gehörte zu den Stammgästen, er saß oft zeichnend an der Theke. Oder sein Künstlerkollege Otto Dix, der das Ballhaus-Plakat entwarf, das immer noch Verwendung findet. Nachdem Fritz Bühler 1929 das Zeitliche segnete, übernahm seine unerschrockene Witwe Clara, die sich später noch zwei weitere Male verheiraten sollte, das Regiment und führte das Ballhaus unter ihrem Namen weiter. Nach den Weltkriegen gab es einen deutlichen Frauen-Überschuss – Clärchen veranstaltete Witwenbälle und es wurde weitergetanzt. Auch zu DDR-Zeiten. Das Ballhaus galt als Treffpunkt unterschiedlichster Menschen aus Ost und West, was natürlich nicht unbeobachtet blieb. Weil davon auszugehen war, dass ein harmloser Schwof durchaus zu einem höchst unharmlosen Nachspiel führen konnte, erhielt dieser Ort von der Stasi angeblich den Beinamen »Tripperhöhle«.

Über Generationen blieb das Ballhaus ein Familienbetrieb – bis Ende 2004. Der neue Betreiber erweiterte das Programm und holte den bis dato als Lagerraum genutzten Spiegelsaal im ersten Stock zurück ins Leben. Ein Juwel, das für Veranstaltungen wie die feierlichen Sonntagskonzerte mit klassischer Musik genutzt wird. Ein Stockwerk tiefer frönt man sonntags von 15 bis 19 Uhr dem Tanztee. Überhaupt ist der Veranstaltungsplan prall gefüllt. So gibt es u.a. den Discodienstag (freier Eintritt), Swing-Abende, eine Tanzpartner/innen/vermittlung und unter der Woche diverse Kurse (z.B. Standard/Latein, West Coast Swing). Und sollten Sie mit dem Tanz so gar nichts am Hut haben, bleiben Ihnen sowohl das Restaurant wie auch die schönen Biergärten vor und neben dem Ballhaus. Bestellen Sie sich eine Molle, schauen Sie an Lichterketten, Bäumen und Blumen vorbei auf die graue, charmante Fassade. Stellen Sie sich vor, wie es hier vor hundert Jahren war, und fallen Sie für einen Moment komplett aus der Zeit.

3

TRAM 12 / M 8 / M 10 ODER BUS M 8 PAPPELPLATZ, U 8 ROSENTHALER PLATZ

Delikatessen aus der Region

VOM EINFACHEN DAS GUTE
INVALIDENSTRASSE 155
10115 BERLIN
TEL. 030 288 64 849
DI - SA 10-20
WWW.VOMEINFACHENDASGUTE.COM

Renate Künast lernte ich 2009 als Gast meiner Radiosendung kennen. Als wir uns Jahre später für Dreharbeiten verabreden, schlägt sie vor, sich in der Invalidenstraße 155 zu treffen. »Kommen Sie hungrig.«

Ich warte vor einem kleinen Ladengeschäft mit einem Tisch und Stühlen auf dem Bürgersteig. »Vom Einfachen das Gute« steht auf dem Schaufenster, das prall und ansehnlich gefüllt ist mit saftigen Broten, Wein, Käse, Schinken und getrockneten Würsten, die an einer Schnur hängen. Die malerisch drapierten Zutaten erinnern mich an Zeichnungen in alten Märchenbüchern, wenn in einem Schloss ein Festmahl stattfand.

Da kommt sie mit dem Rad. Frau Künast geht hinein, hier kennt man sich. »Ach, hallo, nett, dass Sie mal wieder reinschauen.« »Ja, ich erwarte Besuch und möchte ein bisschen was einkaufen. Und ich habe jemanden mitgebracht.« Der Jemand bin ich, und das hier drinnen ist der Himmel. Der Mann hinterm Verkaufstresen lacht. »Womit wollen wir anfangen?« Frau Künast deutet auf einen hellen Käse. »Ah ja, Ziege, mild, mit Honig.« Wir dürfen probieren. Uns wird eine Wurstscheibe gereicht, dann duftendes Brot. Und Schinken, der vor lauter Zartheit in meinem Mund zerfällt. »Alles bio«, sagt Frau Künast. Was in diesem Kontext niemand jemals anzweifeln würde. »Probieren Sie mal. So eine Leberwurst gibt es eigentlich gar nicht mehr«, sagt sie.

Genau das war offenbar auch Ansporn und Anspruch der Betreiber, die den Laden 2013 eröffneten. Die beiden wollten sie finden und weitergeben: die guten Dinge, die unverfälschten, natürlichen, nach traditioneller Art zubereiteten Lebensmittel. 45 qm misst die Verkaufsfläche, viel Platz nimmt der Tresen ein, im hinteren Bereich steht noch ein großer Tisch mit Stühlen, in hohen Holzregalen stehen Öle, Weinflaschen und Gläser voller Köstlichkeiten.

Mit gefüllten Tüten (aus Papier selbstverständlich) verlassen wir den Laden. »Die machen hier auch kulinarische Abende, mit Weinverkostung und allem Pipapo. Das ist immer klasse.« Die Termine seien auf der Website zu finden. Wir gehen in den nahe gelegenen Weinbergspark und breiten auf der Wiese die Delikatessen für unser spontanes Picknick aus. Der Rasen ist feucht, aber als wir das bemerken, sitzen wir bereits. Die ehemalige Bundesministerin für Verbraucherschutz und Landwirtschaft, der artgerechte Tierhaltung, pestizidfreie Düngung und fairer Handel so sehr am Herzen liegen, schiebt sich zufrieden ein Stück Käse in den Mund. Frau Turbo, die Kämpferin und Überzeugungstäterin, sitzt in der Nachmittagssonne und genießt. Und sofort ist da etwas ganz Weiches, Mädchenhaftes in diesem Gesicht mit den wachen Augen. Steht ihr gut. Mann, ist das lecker.

4

U 6 STADTMITTE

Zurück in die Zukunft

MUSEUM FÜR KOMMUNIKATION
LEIPZIGER STRASSE 16
10117 BERLIN
TEL. 030 202 940
DI 9-20, MI - FR 9-17, SA - SO 10-18
WWW.MFK-BERLIN.DE

Eines der bestgehüteten Geheimnisse innerhalb der Kommunikationsbranche lautet: Es hapert an der Kommunikation untereinander. Eigentlich ist das ja zum Umfallen komisch, wenn es nicht oft so ärgerlich und folgenschwer wäre. Gerne werden professionelle und persönliche Inhalte fehlerhaft, missverständlich oder überhaupt gar nicht weitergegeben. Was am Ende dabei herauskommt, ist nicht selten unvollständig und verzerrt. An dieser Stelle ein anerkennender Gruß an die Urheber des Spiels »Stille Post«: Ihr habt es immer schon gewusst.

Aber letztlich treffen die meisten Kommunikationsprobleme auf alle Teile der Gesellschaft zu.

Es ist nicht nur die Vielzahl der täglichen Botschaften, die uns unaufmerksam werden lässt, es ist auch die Vielzahl der Kommunikationskanäle, auf denen uns diese Nachrichten erreichen und in denen wir uns verheddern. Apropos Verheddern: on top kommen ja noch die Klassiker der missverständlichen Kommunikation, die auf dem Nährboden jeder x-beliebigen Partnerschaft gedeihen wie ein froher Pilz im feuchten Moos: »Aber vorhin meintest du doch noch …«, »Wieso sagst du nicht, was du …«, »Hatten wir nicht besprochen, dass …«.

Vielleicht hilft es, zwischendurch mal kurz zu landen. Nicht umsonst feiern Begriffe wie Authentizität und Achtsamkeit Comebacks, bis sie als Wandtattoo-Schriftzug auch im letzten Drogeriemarkt zu kaufen sind. Runterkommen könnte helfen, wie man das auch anstellen mag. Einfach mal ausstöpseln den ganzen Kram, alles, für zwei volle Tage (macht niemand), Schweigekloster (die wenigsten), Benachrichtigungen und Klingeltöne deaktivieren (sinnvoll, aber nicht für Feuerwehrleute, Polizisten, Hebammen, Mütter, Väter etc.). Oder man wählt die Konfrontationstherapie und begibt sich auf direktem Weg ins beeindruckende Museum für Kommunikation, das mit seinen Ausstellungsstücken, Erklärungen und Experimenten als Ort der Aufklärung fungiert, aber auch als Spielwiese gesehen werden kann. Wie lief es früher ab zwischen den Menschen, wer nutzte wann welche Kanäle? Postkutsche, Brieftaube, Flaschenpost, die Ur-ur-Ahnen der E-Mail. »Was ist das?« – »Das, mein Kind, ist ein Anrufbeantworter, haha, sieht aus wie ein Kassettenrecorder.« – »Was ist ein Kassettenrecorder?« – »Es gab kleine Häuschen, Mäuschen, in denen dicke Bücher hingen und ein Apparat mit einem Hörer (»Was ist ein Hörer?«), man musste Kleingeld in einen Schlitz werfen und konnte telefonieren. Nicht selten stand eine Schlange vor diesen gelben Kästen, die aussahen wie Duschkabinen, die Leute verdrehten die Augen und trampelten wütend mit den Füßen, wenn der Telefonierende Geld nachwarf.« Wie weit wir doch inzwischen davon entfernt sind. Oder zwei Dosen und ein gespanntes Band dazwischen – wer erinnert sich? Telegramme. Sendeschluss: ein buntes Bild, ein fieser Ton und aus die Maus. Um die Vergangenheit, die jeden Tag aufs Neue eben erst endete, kümmert sich eine umfassende Dauerausstellung, die von der Entwicklung kündet, die über Jahrzehnte peu à peu und ab Mitte des letzten Jahrhunderts plötzlich holterdiepolter vonstattenging. Es gibt aktuelle Sonderausstellungen, Veranstaltungen und Aktionstage. Es macht Spaß und auch ein bisschen demütig, sich mit dem Großen und Ganzen der Kommunikation zu beschäftigen. Und wer das alles nicht braucht, um seinen Kopf geradezurücken, der wird sich trotzdem unterhalten und informiert fühlen.

5

S-/U-BAHNHOF POTSDAMER PLATZ, BUSSE M 48 / M 85 KULTURFORUM

Das geliebte Durcheinander

IMBISSBUDE AM KULTURFORUM
POTSDAMER STRASSE/KULTURFORUM
TÄGLICH AB 9.30

Sehr geehrte Damen und Herren, mit Begeisterung verfolge ich jede Episode Ihrer Vorher-Nachher-Show, in der Sie die Teilnehmer deutlich auf alles Unvorteilhafte und Unpassende hinweisen. Heute habe ich endlich selbst den Mut gefasst, Sie um Hilfe zu bitten. Bei mir handelt es sich gewissermaßen um einen Platz, ich heiße Kulturforum. Mit meiner Lage und Größe fühle ich mich wohl, es ist eher das Arrangement, die Komposition all meiner Gebäude, die für eine gewisse Irritation sorgen. Über die Architekten will ich mich gar nicht beschweren, so zeichnet beispielsweise Hans Scharoun für die Philharmonie verantwortlich und Mies van der

Rohe entwarf meine Neue Nationalgalerie, alles gelungen, keine Frage. Die Gemäldegalerie, die Museen oder die Neue Staatsbibliothek – ich habe sie alle gern, aber sie wirken wie bestellt und nicht abgeholt. Oder die filigrane St.-Matthäus-Kirche, die ja seit 1844 hier steht, als einziger historischer Bau. Im Kreise ihrer modernen Nachbarn fühlt sie sich fehl am Platz, wie frisch aus dem 3-D-Drucker gespuckt. Dabei ist sie so hübsch. Tja, was sagt man so einer Kirche dann? Komm, wir haben doch schon ganz andere Zeiten überstanden. Warte erst mal ab, vielleicht magst du ja deinen neuen Nachbarn, ein »Museum der Moderne« für die Kunst des 20. Jahrhunderts, das wird doch bald gebaut. Auch noch! Verstehen Sie – das alles mag nicht recht zueinander finden. Mir gehen die Ideen aus, daher wende ich mich an Sie.

Armes, interessantes Kulturforum. Solange niemand diese riesigen Greifarme erfindet, mit denen Gebäude hochgehoben und an anderer Stelle neu positioniert werden können, wird es mit diesem eigenartigen Durcheinander leben müssen. Trotz oder wegen seiner Unaufgeräumtheit ist dies ein hoch inspirierender Ort, schließlich halten die einzelnen Einrichtungen dort, was sie versprechen. Ein Konzert in der Philharmonie? Einzigartig. Die Bilder in der Gemäldegalerie? Beeindruckend. Allein die Stimmung des Platzes ist speziell. Um damit warm zu werden, startet man am besten bei Ahmeds Imbiss, direkt neben der Neuen Nationalgalerie, die sich zurzeit im Umbau befindet. »Gibt's hier leckere Panini, Currywurst, Pommes. Und mein Kaffee ist ganz richtig. Sehr guter Kaffee«, sagt er. Wen wolltest du hier schon immer mal bewirten, Ahmed? »Angela Merkel. Mit dem Auto ist sie schon vorbeigefahren, aber ausgestiegen nie.« Warum Angela Merkel? »Ich lieb sie. Sie ist bisschen ... hm, ich weiß nicht, stark und so was.« Möglicherweise hält sie doch mal an, an einem milden Tag im Herbst. Die Bundeskanzlerin würde sich zwei Plastikstühle in die Abendsonne stellen, die Beine hochlegen, ins heiße Panini beißen und dann endlich auch mal eine Tasse von Ahmeds Bohnenkaffee trinken. Chaos hin oder her.

Kreuzberg

6

U 6 PLATZ DER LUFTBRÜCKE

Flaneure zieht's zum Wasserfall

VIKTORIAPARK
KREUZBERGSTRASSE 15
10965 BERLIN

Seit vielen Jahren moderiere ich eine Sendung auf Radio Eins, die »Hörbar Rust«, bei der Musiker, Autoren, Schauspieler und Politiker zu Gast sind, die prägnante Lieder aus ihrem Leben mitbringen. Jeder von uns verfügt schließlich über ein auditives Fotoalbum: meine erste Platte, der Song des ersten Kusses, die erste Wohnung, das Lied, mit dem man einen ganz besonderen Urlaub, ein Gipsbein oder einen neuen Job verbindet. Aber es sind ja nicht nur Lieder. Unsere Gehirne verteilen pausenlos kleine, bunte Stecknadeln auf unserem inneren Stadtplan: An dieser Ecke sind wir uns zum ersten Mal begegnet, in diesem Restaurant aß ich schlechte Mu-

scheln, hier wurde mein Auto abgeschleppt, dort um die Ecke wollte ich mal einziehen. Natürlich ist mein Berlin voller Stecknadeln, und eine davon ist der Viktoriapark in Kreuzberg.

Für viele Berliner gilt dieser Park als die coolste Band unter den innerstädtischen Grünflächen. Das liegt natürlich in erster Linie an den Kreuzbergern selbst, deren Unangepasstsein und Crazyness lange als Synonym für ein wildes Berlin standen. Wie es sich aktuell mit der Wildheit verhält, vermag ich nicht zu beantworten, wohl aber, dass der Bewohner-Mix dort immer noch verhältnismäßig heterogen ist – bei horrenden Immobilienpreisen. Letzteres beeinflusst Ersteres deutlich, und natürlich hebt der 13 Hektar große Viktoriapark die Lebensqualität in diesem Viertel. Direkt am Park gibt es einen lässigen Biergarten, das Golgatha, auf der anderen Seite das Restaurant Tomasa, ein kleines Tiergehege für Kinder und natürlich den namenstiftenden Kreuzberg im Herzen des Areals, der in verschneiten Wintern eine Eins-a-Rodelbahn abgibt. Auf der für Berliner Verhältnisse schwindelerregenden Höhe von sage und schreibe 66 Metern wurde 1818 von König Friedrich Wilhelm III. der Grundstein für ein imposantes, neugotisches Nationaldenkmal gelegt, das an bedeutende Schlachten, an Niederlagen und Siege während der Befreiungskriege erinnern soll. Auf dessen Spitze thront ein Kreuz, das verschiedenen Quellen zufolge namengebend für den Bezirk war. Erst rund 70 Jahre später entschlossen sich die Herrschaften, drum herum einen Park anzulegen, und weil man schon mal dabei war, wurde auch gleich noch die Idee für einen künstlichen, 24 Meter hohen Wasserfall durchgewunken.

Der Blick über die Stadt, aber besonders die freie Sichtachse über den Wasserfall hinweg Richtung Norden ist erhebend. Und wirklich immer, wenn ich dort oben stehe, pikt mich kurz meine innere Stecknadel, die Erinnerung an einen Neujahrsmorgen vor vielen Jahren. Während die Stadt ihren Silvesterrausch ausschlief, lief ich mit schwerem Herzen an kahlen Winterbäumen und Böllermüll vorbei auf den Kreuzberg. Ich steckte in einer verfahrenen Liebesgeschichte, wie sie jeder mal erlebt. Von der Jungfräulichkeit des Jahres ermutigt, fasste ich den Vorsatz, mich unverzüglich aus meinem Selbstmitleid herauszufräsen. Als ich dann auf dem Rückweg einen Schlüsselanhänger in Herzform fand, er lag im Schnee neben meinem Auto, deutete ich das natürlich als Zeichen. Eindeutiger ging's ja gar nicht! Ein halbes Jahr später verlor ich ihn wieder, aber da war ich längst aus dem Gröbsten raus. Keine Hexerei, ich weiß, die Zeit ist eine großartige Wundsalbe, aber es könnte doch ein Talisman gewesen sein. Und wenn dem so war, würde ich viel dafür geben, zu wissen, ob das Mojo noch weiterhin aktiv ist. Bei wem auch immer.

7

U 1 GÖRLITZER BAHNHOF

Erster Supermarkt ohne Verpackungen

ORIGINAL UNVERPACKT
WIENER STRASSE 16
10999 BERLIN
MO - SA 11-19
WWW.ORIGINAL-UNVERPACKT.DE

In einer Zeit vor unserer Zeit wurden Hotelzimmer »mit fließendem Wasser« und »Farbfernsehen« vermietet, das war high class. Es gab Lauf- und Sprechpuppen mit kleinen Plastikschallplatten im aufklappbaren Rücken, Gummitwist, freche Jungs in kurzen Lederhosen und Gardinen mit Goldkante. Das Snickers-Papier war rot, Taxis schwarz, Telefonzellen gelb. Bekannte der Familie wurden mit Onkel und Tante angesprochen, und im Hof stand eine Mülltonne, eine einzige graue Mülltonne, in die vorbehaltlos alles hineingeworfen wurde. Wenn ich heute den Müll wegbringe, sehe ich aus wie ein Oktopus, gerne hätte ich mehrere Arme, denn einen brau-

che ich für den Schlüssel, einen, um die Türen zu öffnen, die restlichen für Altpapier, normalen Hausmüll, Glas, Verpackungsmüll und Biomüll. Der totale Wahnsinn. Auch wenn ich zwischenzeitlich ausblenden kann, habe ich in diesen Momenten vor den Mülltonnen ein ungutes Gefühl, weil mir bewusst wird, wie viel Abfall jeder von uns Tag für Tag verursacht. Mülltrennung mag das Problem auf eine Weise minimal verringern, aber lösen tut sie es nicht. Ist es nicht eher irreführend, sein Gewissen zu erleichtern, weil man Käseverpackungen, Zeitungen und Saftflaschen vorschriftsmäßig sortiert der Recycling-Industrie überantwortet? Ganz so, als würde die nicht selbst Unmengen an Strom und Wasser verbrauchen.

Milena Glimbovski hatte da eine bessere Idee. Wie wäre es, einen Laden zu eröffnen, in dem ausschließlich unverpackte Lebens- und Hausmittel aus überwiegend biologischer Produktion angeboten werden? Mit ihrem Team bastelte sie am Konzept, rief eine Crowdfunding-Kampagne ins Leben und eröffnete schließlich 2014 den ersten »Original unverpackt«-Laden in der Wiener Straße in Kreuzberg. Der Kunde hat hier die Möglichkeit, unverpackte Lebens- und Hausmittel selbst abzufüllen, ganz nach Bedarf und komplett ohne Verpackungskram. Das Procedere ist erstaunlich unkompliziert und hygienisch – Zangen gibt es, Handschuhe und Zapfhähne. Die notwendigen Dosen, Gefäße, Flaschen und Beutel werden von zu Hause mitgebracht, vor Ort oder im gut sortierten Online-Shop erworben. Überhaupt hat man auf der Website die Möglichkeit, sich mit den Details dieser Zero-Waste-Idee umfassender vertraut zu machen. Es gibt zudem zahlreiche Links und Tipps in puncto »refuse, reduce, reuse, recycle«.

Es ist nicht so, dass ich alle paar Tage mit einer Tüte voller Gefäße nach Kreuzberg fahre, um einzukaufen. Das nicht. Aber wenn ich in der Gegend bin, dann steht ein Besuch dort an. Die Sachen sind frisch und lecker, die Idee ist zweifellos unterstützenswert. Und auch, wenn Menschen wie Milena und Ideen wie »Original unverpackt« noch zu klein sind, um zur Abrissbirne unserer Rituale zu werden – wenn sie einen Fuß in die Tür der Bequemlichkeit bekommen, ist der Anfang doch eigentlich gemacht.

8

U 1 PRINZENSTRASSE

Bunte, grüne und rote Beete

PRINZESSINNENGÄRTEN
PRINZENSTRASSE 35-38
10969 BERLIN
15. APRIL - OKTOBER TÄGLICH 10-22
WWW.PRINZESSINNENGARTEN.NET

Ich kannte Addi noch aus Hannover, er war Regisseur. Einmal filmte er einen Mann, der rückwärts durch die Stadt lief. Den Film spielte er dann wiederum rückwärts ab, damit es so aussah, als würde dieser Mann als einziger Mensch vorwärts durch die Stadt gehen. Wie so viele, die anders waren, phantasievoller, unangepasster, zog auch er mit Anfang 20 nach Berlin. In den Ferien besuchte ich ihn, er wohnte im Hinterhaus des Café M. Im Stadtmagazin *Zitty* las ich von einem Flohmarkt am Moritzplatz unweit der Mauer, schnappte mir ein Fahrrad und fuhr hin. Der Tag war grau und die unbebaute Fläche neben dem Kreisel, um den sich der Verkehr

nervös herumschob, war es auch. Staub, Steine, ausgetrocknete Pfützen. Auf den Decken und Tapeziertischen lag liebloses Zeug, fusselige Wollstrumpfhosen, ein paar russische Fellmützen, einzelne Handschuhe neben getrockneten Knoblauchwürsten. Sehr eigenartig.

Dass es dort jemals so ausgesehen haben könnte, kann man sich heute kaum vorstellen. Der über ein halbes Jahrhundert ungeküsste Ort ist zu einem riesigen, wilden Stadtgarten geworden, die Brache ist einem grünen Blühen und Ranken gewichen. Wer über kleine Wege an zahlreichen Ständen und Beeten vorbei über das rund 6000 Quadratmeter große Gelände läuft, der mag kaum glauben, dass dieses Refugium erst seit 2009 existiert. Anwohner und engagierte Bürger schlossen sich damals zu einer gemeinnützigen GmbH zusammen, die sie »Nomadisch grün« nannten, und befreiten das Areal von zwei Tonnen Müll. Und obwohl die Nutzungsrechte nur provisorisch verlängert wurden, machten sie klar Schiff, bepflanzten Beete, ernteten ihr selbstgezogenes Gemüse und siedelten Bienenvölker an. Das Gartencafé und eine Gartenküche entstanden. An Ständen werden Samen, Setzlinge und Pflanzen verkauft, Beratung inklusive. Wie über vielen anderen unkonventionellen Projekten dieser Stadt schwebt auch über den Prinzessinnengärten unverändert das Damoklesschwert des temporären Mietvertrags. Das Gelände gehört der Stadt, in Zeiten von Wohnraumknappheit und Privatisierungspolitik bleibt den Betreibern und Beteiligten immer wieder nur die Option auf eine Verlängerung - oder eben nicht. Dabei weiß eigentlich jeder, wie wichtig es ist, ökologische Räume für das Wohl aller unter besonderen Schutz zu stellen, besonders dann, wenn sie so gut zueinander passen wie dieser Ort und seine Nutzung. Eine perfekte Kombination. Man möchte sich das eine ohne das andere gar nicht vorstellen, das gilt für nackte Füße und Sand, heiße Pancakes und Ahornsirup und Steffi Graf und André Agassi genauso wie für den Moritzplatz und die Prinzessinnengärten.

In einem Artikel der *ZEIT* hieß es mal, die Prinzessinnengärten verstünden sich zugleich als Biotop und Soziotop, und diese Beschreibung trifft es wahrscheinlich am besten. Hier werden Fahrräder repariert, es wird recycelt und gebastelt, Kreuzberger Hardcore-Ökos treffen auf Charlottenburger Balkon-Anfänger, Schulklassen lernen, dass Sonnenblumenkerne dieser großen gelben Blume quasi im Gesicht wachsen oder die zur Fratze geschnitzte Halloween-Laterne im Original den lustigen Namen »Kürbis« trägt und durchaus verzehrt werden kann. Hier wird geerntet, zubereitet und beraten, Kaffee getrunken, gegessen und gequatscht. Ein blühender Mikrokosmos, der ins laute Verkehrstreiben drum herum eingebettet ist wie das Loch in den Donut. Mit der Stille könnte es hier also schwierig werden, aber um Ruhe zu finden, ist dieser Platz ideal.

9

U 8 MORITZPLATZ

Ein Tempel für Kreative und Künstler

MODULOR: ARCHITEKTUR- UND KÜNSTLERBEDARF
PRINZENSTRASSE 85
10969 BERLIN
TEL. 030 690 360
MO - FR 9-20, SA 10-18
HTTPS://WWW.MODULOR.DE/FILIALE-BERLIN

Im Zuge evolutionärer Läuterung rücken wir ja zunehmend ab vom Luxus des eigenen Autos. Das ist für die Umwelt durchaus von Vorteil. Für die Dramaturgie einer anständigen Erfolgsgeschichte wäre es ein Jammer: keine Autos – keine Garagen. Möglicherweise werden wir daher zukünftig auf Innovationen verzichten müssen, die – der jeweiligen Legende nach – in Garagen ersonnen und ausbaldowert wurden (Hewlett Packard, Google oder Microsoft gehören dazu). Bei Modulor verhielt es sich nicht anders: Die Berliner Brüder Christoph und Ulrich Struhk, Architekturstudenten, grämten sich, weil es die Materialien, die sie für ihre Model-

le brauchten, lediglich in großen Mengen zu kaufen gab. Gut, dann mussten sie eben selbst eine Firma gründen, in der man Kleinstmengen an Styropor, Acryl und PVC, Holzstäben und Metallrohren, MDF-Platten, Klebern und vielem mehr kaufen konnte.

1988 wurde in einem Kreuzberger Hinterhaus eine Garage gemietet und los ging's. Die Idee zündete. Bald zählten nicht mehr nur Architekturstudenten zu ihren Kunden, und die beiden Struhks mussten sich nach einer größeren Lösung umsehen. Die fanden sie 2011 im Aufbau Haus am Moritzplatz, einem sanierten Fabrikgebäude, das neben dem namensstiftenden Aufbau Verlag auch ein Theater, eine Galerie, Ateliers, eine wunderbare Buchhandlung, einen Club und einiges mehr beherbergt.

Nachdem das Modulor-Sortiment um ein Vielfaches erweitert wurde, ist dieser Laden nun nicht mehr nur ein Mekka für Profis, sondern für jeden, der ein Faible für Papeterie, Stifte, ausgesuchte Kreativ-Literatur, Kunstbücher, Schachteln, Kalender und Klebefolien hat. Materialien werden auf Wunsch zugeschnitten, auch Arbeitstische und -stühle stehen hier zum Verkauf. Auf einer Fläche von 3000 qm, unterteilt in mehrere Etagen, werden über 30 000 verschiedene Artikel präsentiert – anders sollte man es nicht nen-

nen. Das Konzept ist nicht bastel-bunt und nicht kreativ-crazy, sondern zurückgenommen und in aller Schlichtheit ansprechend.
Nehmen Sie sich ein bisschen Zeit und schicken Sie eine etwaige Begleitung, die für all diese Dinge unempfänglich ist, ins Café, das sich direkt am Eingang befindet. Sie werden hier nämlich nicht mal eben so durchhuschen können. Wenn Sie nach einer Dreiviertelstunde wieder vor die Tür treten und Ihre Gedanken einmal um den Moritzplatzkreisel kreiseln, dann befinden sich in Ihrer Tasche zwei weiche Druckbleistifte, ein Bogen Geschenkpapier in Gestalt des Berliner Stadtplans, neongelbes Klebeband, ein Buch über Street-Art und eine schlichte Metallbox. Sie werden sich fragen, wie Sie so lange ohne all das leben konnten. Oder wollten.

10

U 1 / U 2 GLEISDREIECK (WESTPARK), S 2 / S 25 / U 7 YORCKSTRASSE (OSTPARK)

Café Eule im Park am Gleisdreieck

CAFÉ EULE
ÜBER DEN PARKEINGÄNGEN ZUM
PARK AM GLEISDREIECK
BÜLOWSTRASSE
10963 BERLIN

HERBST- UND WINTERÖFFNUNGSZEITEN
AUCH VIA FACEBOOK ERSICHTLICH
MÄRZ - OKTOBER MO - SO 10-19.30
NOVEMBER - FEBRUAR SA - SO 12-18

Viele Vorteile bringt das Älterwerden nicht, wohl aber die stille Sicherheit, es könnte gesünder sein, bei einer Liebe auf den ersten Blick einen zweiten folgen zu lassen. Diese Binsenweisheit bewahrt vor emotionalen Desastern, nicht immer, aber oft. Der Park am Gleisdreieck war für mich so ein Kandidat für den zweiten Blick. Die zwischen Schöneberg, Kreuzberg und Mitte gelegene 31,5 Hektar große ehemalige Bahnbrache des Anhalter und des Güterbahnhofs konnte 2011 eröffnet werden. Unter durchaus engagierter Bürgerbeteiligung wurden in dem Park, der sich in drei Abschnitte gliedert, durchaus gute Ideen umgesetzt: Die bestehende Kleingar-

tenkolonie und einige Relikte aus der Bahnhofszeit blieben erhalten, Beete wurden gepflanzt, Wege gezogen, Wiesen angelegt, ungewöhnliche Sitz- und Spielgelegenheiten geschaffen, und zu den Highlights gehört eine Fläche mit 25 Beachvolleyballfeldern (»Beach 21«). Die Anrainer begeisterten sich schnell für das neue, große Grün, generations- und nationalitätenübergreifend flanierte man auf frisch asphaltierten Wegen um frisch gepflanzte Bäume. Ratzfatz entstanden durch den Bau zahlreicher Wohnungen am Rand des Parks neue Wohnquartiere. Klar wirkte es auch damals schon imposant und wahnsinnig new-york-esk, wenn die gelben U-Bahn-Schlangen die weitläufige Ebene auf ihren Viadukten überquerten und die Züge der Fernbahn auf ihrer Trasse den Ostpark optisch vom Westpark trennten. Und doch wurde ich nicht richtig warm mit dem Ort, mir fehlten Patina und Charme, ich spürte das Reißbrett, auf dem das alles gerade erst entstanden, aber eben nicht gewachsen war. Bis ich eines Tages mit dem Rad eine Abkürzung durch den Park nahm und auf dem Weg durch die Kleingartenkolonie das »Café Eule« entdeckte, eröffnet von Kristiana Elig, die mit ihrer Familie dort selbst eine Parzelle besitzt. Nach dem Tod ihres Vaters kam ihr ursprünglich die Idee, ein Friedhofscafé zu eröffnen, das nicht so trist und traurig war und in dem sie ihre Kuchen verkaufen könnte. Die Suche nach einem geeigneten Platz lief ins Leere, »da sprach mich der Vorstand der Gartenkolonie an und sagte: Lustige Frau mit dem guten Kuchen, mach das doch hier. Mach ein Gewerbe-Café, zahlst 'ne kleine Pacht und wir haben einen Platz, wo sich alle treffen können. Auch die Besucher des Parks. Mach. Und dann habe ich angefangen.« Im »Café Eule« tummeln sich viele Kinder, Familien, Kolonisten und Spaziergänger, die von den durchweg selbstgemachten, ausschließlich vegetarischen Spezialitäten aus Kristianas Küche nicht mehr lassen können. Viele der Zutaten wie Obst, Gemüse und Kräuter stammen aus der Kolonie. Neben dem erwähnten Kuchen zaubert Kristiana Gemüsesuppen, frische Limonaden, Biopizza aus Dinkelteig, Couscous, Quiches und allerlei mehr. Insgesamt gibt es rund 100 Außenplätze, während der Wintermonate ist die Eule nur am Wochenende geöffnet, dann aber oho: mit einer Feuerschale zum Wärmen nämlich, und für die innere Hitze gibt's Holunderpunsch mit eingelegten Rumrosinen.

Neukölln

11

U7 RATHAUS NEUKÖLLN

Zentrum für zeitgenössische Kunst und mehr

»Die erste Pflicht der Musensöhne ist, dass man sich ans Bier gewöhne.« Wilhelm Busch

In der 8. oder 9. Klasse besichtigte ich mit der Schule eine Brauerei. Wir hätten damals auch fröhlich ein Krematorium besucht oder eine Schlachterei, entscheidend war allein, dass der Unterricht ausfiel. Von dieser Besichtigung blieben mir drei Dinge in Erinnerung: der Geruch (schlimm), Erwachsene mit weißen Häubchen (witzig) und eine Verkostung, an der nur unser Lehrer teilnehmen durfte, während wir im Foyer ungeduldig auf den Besucherbänken herumzappelten. Dass ich mich nach dieser unspektakulären Er-

KINDL - ZENTRUM FÜR
ZEITGENÖSSISCHE KUNST
AM SUDHAUS 3
12053 BERLIN
TEL. 030 832 159 120
CAFÉ UND AUSSTELLUNGEN: MI - SO 12-18

fahrung viele Jahre später noch einmal in einer Brauerei wiederfinden würde, merkte ich erst, als es schon zu spät war.
Das Kindl wollte ich mir ansehen, ein neues »Zentrum für zeitgenössische Kunst« in Neukölln. Ich stand vor dem imposanten Gebäude, dessen dunkelroter Backstein sich malerisch vor einem knallblauen Himmel präsentierte – der ehemaligen Kindl-Brauerei, erbaut 1872. 2005 entstand die neue Berliner-Kindl-Schultheiss-Brauerei in Weißensee, das Areal in Neukölln ging 2009 in den Besitz privater Investoren über, die diesen Ort nicht zu Luxus-Lofts umbauten, sondern dem wilden Willen der Kunst überließen. Als ich hineinging, stockte mir der Atem. Mein lieber Spitz, was für ein Raum, was für Dimensionen, was für eine Architektur! In friedlicher Koexistenz mit den eleganten und durchaus bizarr wirkenden riesigen Kupferkesseln standen hier ein paar Tische, an denen Menschen saßen, aßen und sich unterhielten. Neben den immensen Kesseln wirkten sie wie Playmobil-Figuren. Das ehemalige Sudhaus heißt heute »König Otto« und wird von Nikoletta und Tante Poppi mit mediterraner, vegetarischer und veganer Küche bewirtschaftet. Es gibt wechselnden Mittagstisch, selbstgebackene Kuchen, Weine, natürlich Kindl-Bier und – Obacht – Roll-

berg-Bier, quasi eine In-House-Produktion aus der unter dem Sudhaus liegenden Privatbrauerei, zu der auch ein Biergarten gehört. Schauen Sie sich unbedingt das ehemalige Maschinenhaus an, in dem auf drei Etagen monothematische Gruppen- und Einzelausstellungen gezeigt werden. Das kuratorische Konzept des Kindl ist ungewöhnlich und spannend, es liegt in den erfahrenen Händen des Schweizers Andreas Fiedler. Abschließend werfen Sie noch einen Blick ins Kesselhaus, einen 20 Meter hohen, 20 Meter tiefen und 20 Meter breiten Raum, in dem sich jeweils eine Künstlerin oder ein Künstler für ein Jahr mit einem Kunstwerk verwirklichen kann. Zur Eröffnung ließ der Künstler Roman Signer (Jahrgang 1938) eine gelbe, von Ventilatoren bewegte Kitfox-Propellermaschine kopfüber von der Decke hängen. Eine Horrorvorstellung für jeden Phobiker. Möglicherweise haben ihn die außergewöhnlichen Dimensionen des Kesselhauses zu einer solchen Installation bewogen, es könnte aber auch profaner sein. Vielleicht kam ihm die Idee nach dem Genuss einer kühlen Flasche Kirschwasser, so etwas kann schnell zum Absturz führen. Kunst und Alkohol, man sieht's an der Geschichte dieses Gebäudes, sind oft untrennbar miteinander verwoben.

12

U7 / U8 HERMANNPLATZ

Der ungewöhnliche Gegenentwurf zur Schlafcouch

Tja, was ist stabiler: das einem innewohnende Nervenkostüm oder die Federung der Gästecouch? Letztlich spielt es keine Rolle, denn sie kommen eh – Freunde, Familie, Freunde der Familie und die Familien der Freunde. Wer in Berlin wohnt, erklärt sich schweigend damit einverstanden, permanent empfangsbereit zu sein. Ich halte es nicht für ausgeschlossen, dass sich Menschen Terrarien mit Spinnen- und Schlangengetier zulegen, nur um als Gastgeber unattraktiver zu erscheinen.
Meistens freut man sich ja, Leute durch die Stadt zu führen oder etwas gemeinsam zu erleben. Und meistens ist es dann auch okay, morgens auf Zehenspitzen

HÜTTENPALAST
HOBRECHTSTRASSE 65 / 66
12047 BERLIN
TEL. 030 373 05 806
BÜRO TÄGLICH 9-18, CAFÉ AB 7
WWW.HUETTENPALAST.DE

am Gästezimmer oder -sofa vorbeizuschleichen, um den Frühstückstisch zu decken. Für diejenigen, denen aber die Lust oder schlichtweg der Platz fehlt, um Gästen ein Dach über dem Kopf zu gewähren, gibt es in dieser Stadt natürlich tausend Hotels, Hostels, Pensionen und Airbnb. Und dann wäre da noch der Hüttenpalast, eine Hotel-Idee, die, als es losging, einmalig war: In zwei großen Fabrikhallen sind sechs unterschiedlich gestaltete, nostalgische Wohnwagen und kleine Hütten untergebracht. Jedes dieser Refugien umgibt ein individuell gestaltetes Areal mit Sitzgelegenheiten und Tischen, jeder Gast hat seinen privaten, abschließbaren Rückzugsraum. Wie eine Fotomontage wirken die Arrangements oder wie ein wundervolles Kunstprojekt, aber alles hier ist praktisch auf die Bedürfnisse abgestimmt, die man für einen unvergesslichen und außergewöhnlichen Aufenthalt braucht. Wer kommt auf eine solche Idee? Sarah, Modedesignerin, und Silke, Eventmanagerin. Beide wohnten gerne und schon lange in ihrem Neuköllner Kiez und für beide war es an der Zeit, ihr Leben zu verändern. Gastgeber für Menschen aus aller Welt wollten sie sein, und das in einer vom Tourismus konditionierten Stadt, in der es für alle Erwartungen bereits eine Entsprechung zu geben schien. Der Zufall wollte es, dass die

Räume einer ehemaligen Möbelmanufaktur und Staubsaugerfabrik frei wurden. 2010 machten sich die beiden ans Werk, sie planten, bauten, entwarfen und pflanzten. Und dann kam die Idee mit den Wohnwagen. Das war es: Camping überdacht, liebevoll und familiär. Man betritt den Hüttenpalast über ein gemütliches Café, in dem die Gäste frühstücken können. Eine Tür führt auf den zum Teil überdachten Innenhof mit Blumenkübeln, Rankpflanzen, Sitzgruppen und Hollywoodschaukeln. Von hier aus gelangt man in die beiden großen Hallen. Gerne hätte ich in jeden der Wohnwagen geschaut, so viel Liebe steckt im Detail und so ungewöhnlich sieht das alles aus. Ich frage Sarah, ob sich Gäste durch die räumliche Nähe zu anderen Gästen nicht gestört fühlten. Ob hier nur ganz junge Leute herkämen. Nein, diese Befürchtungen hätten sich sofort zerschlagen. Wer hier übernachten wolle, der wisse schließlich, dass er kein normales Gästezimmer buche. Lärm? Nein. Geräusche? Klar. Aber die gibt's woanders auch. Zudem würden die Leute aller Altersklassen sehr rücksichtsvoll miteinander umgehen. Einmal, ganz am Anfang, stießen ein paar kulturreisende Rentner auf eine Gruppe junger Backpacker aus den USA. Wenig später saßen sie alle zusammen im Innenhof, unterhielten sich und tranken Wein. Für diejenigen, die das Besondere zwar miterleben, aber dann doch lieber in einem konventionellen Bett schlafen möchten, gibt es hier auch ein paar klassische Hotelzimmer. Anschauen sollte man sich diesen außergewöhnlichen Ort in jedem Fall – auch wenn man Gefahr läuft, sich sofort zu verlieben und zukünftig auf die Gästecouch des besten Freundes verzichten zu wollen.

13

U 7 RATHAUS NEUKÖLLN

Weil es schmeckt und gut ist fürs Karma

RESTLOS GLÜCKLICH
DONAUSTRASSE 15
12043 BERLIN

RESERVIERUNGEN ÜBER
WWW.RESTLOS-GLUECKLICH.BERLIN
ODER VIA FACEBOOK

Farbe und Größe waren für meine Großmutter die Kriterien, um Eier zu kaufen. Eine Kennzeichnungspflicht, wie sie 2004 bundesweit eingeführt wurde, existierte damals noch nicht. »Bio« oder »artgerechte Haltung« standen nicht zur Diskussion: Sie kaufte die Eier stets frisch beim Schlachter, in dessen großem Hinterhof ein paar Hühner gut gelaunt herumgackerten. Und das Legedatum? Um zu prüfen, ob ein älteres Ei noch frisch genug war, legte sie es in ein Wasserglas. Blieb es am Boden, konnte es gegessen werden. Stieg es auf, kam es auf den Komposthaufen. Schimmel in der Marmelade wurde mit dem Löffel herausgehoben, und nicht

der Stempel auf der Flasche, sondern Omas Nase entschied, ob Milch noch gut war oder nicht. Nur verschimmeltes Brot warf sie schweren Herzens weg. Heute richten sich die meisten Menschen nach dem Mindesthaltbarkeitsdatum, das sie fälschlicherweise mit einem Verfallsdatum gleichsetzen. So wandern Joghurts, Saucen und Nudeln – und tatsächlich jedes achte Lebensmittel, das wir kaufen – in den Müll, was großer Quatsch ist, denn die meisten dieser Produkte sind in der Regel noch völlig in Ordnung.
Eine Tatsache, die Annette Keuchel und Leonie Beckmann keine Ruhe ließ. Sie gründeten den Verein »Restlos glücklich«, um Menschen für einen bewussteren Lebensmittel-Konsum zu sensibilisieren und Nahrung angemessen wertzuschätzen. Mit viel Idealismus, Realismus, Überzeugungskraft und Durchhaltevermögen entwickelten die beiden das Konzept für ein Verwertungsmodell, das täglich mehr Fans findet. Der nächste logische Schritt lag für beide in der Gründung des Restaurants »Restlos glücklich«, in dem ausschließlich mit Lebensmitteln gekocht wird, die der Handel aussortiert. Verdorben sind diese Zutaten natürlich nicht, sogar das Mindesthaltbarkeitsdatum wird beachtet. Aber viele Produzenten und Supermärkte nehmen Produkte aus dem Verkauf, weil sie krumm, angeditscht oder ihre Verpackungen beschädigt sind. Von diesen Partnern bezieht die Koch-Crew die unterschiedlichen Lebensmittel, und mittags entscheidet dann der Küchenchef, welche gesunden und nahrhaften Mahlzeiten er daraus zubereitet. Glauben Sie mir: Es gibt qualitativ keinen Unterschied zu einem Besuch in einem klassischen Restaurant. Außer dem, dass der Betrag auf Ihrem Karma-Konto steigt, denn das Konzept von »Restlos glücklich« ist in vielerlei Hinsicht unterstützenswert. Über die Einnahmen werden sechs Stellen bezahlt, alle anderen Akteure

arbeiten ehrenamtlich. Und anstelle eines etwaigen Interessenkonflikts mit anderen Hilfsorganisationen wie beispielsweise der »Tafel e. V.« wird mit großem Selbstverständnis kooperiert. Ein weiteres Herzstück ihrer Arbeit liegt für die Gründerinnen im Ausrichten von Workshops und Kochkursen. »Kinder«, sagt Annette Keuchel, die selbst Mutter ist, »können so viel Spaß dabei entwickeln, sich mit Essen zu beschäftigen. Oft haben sie keine Ahnung, woher es kommt oder wie man es zubereitet. Wenn sie einen Bezug zu Lebensmitteln entwickeln, essen Kinder gesünder und werfen auch nichts einfach so weg.«

Und apropos Karma: Unlängst hat das ehemalige Pop-up-Restaurant einen festen Ort gefunden: ein Sahne-Plätzchen, direkt am Maybachufer in Kreuzberg. Wer sich dort bekochen lassen möchte, der sollte vorher einen Platz reservieren. Das ist auch online möglich und dazu noch sinnvoll: Der Küchenchef kann die Menge der Portionen kalkulieren, denn weggeworfen wird hier schließlich nichts.

Tempelhof, Schöneberg

14

S-/U-BAHNHOF TEMPELHOF, U 6 PARADESTRASSE, U 8 LEINESTRASSE BZW. BODDINSTRASSE, BUS 104 FRIEDHÖFE COLUMBIADAMM

Blumen, Skater und sehr viel Himmel

TEMPELHOFER FELD
12101 BERLIN

Die Berliner Brache ist so was wie der stolze Hippie unter den Flächen dieser Stadt. Geliebt, besucht, romantisiert, mit Bienenstöcken versehen und bepflanzt von den einen, als unattraktiv und unzeitgemäß empfunden von den anderen, die die Hände über ihren Köpfen zusammenschlagen und sagen: Ihr spinnt doch. Brache! Wo gibt's denn so was? Berlin wächst und wächst, hier muss was entstehen, neuer Wohnraum zum Beispiel. Auch Migration und Flüchtlingsströme lassen sich anders nicht bewältigen, oder wollt ihr die Leute etwa an die Ränder der Stadt verfrachten? Dann gute Nacht, Marie.

Bei den Verhandlungen um die

wohl größte Brache dieser Stadt, die Start- und Landebahnen des ehemaligen Tempelhofer Flughafens, wurden Argumente, Gegenargumente und Befindlichkeiten in einen großen Mixer mit der Aufschrift »Volksbegehren« gesteckt und heraus kam ein grüner Smoothie für die Stadtseele. Was frei war, sollte frei bleiben, die Brache hatte gesiegt. Dem ging ein ordentliches Hin und Her voraus. Nun hat es der Ort aber auch faustdick hinter den Ohren, weil jeder um seine Symbolik weiß. Während der Berlin-Blockade hielt der Tempelhofer Flughafen das Herz Berlins am Schlagen, zumal durch die Luftbrücke täglich 9000 Tonnen Lebensmittel und Waren jeder Art in die Stadt geflogen wurden. Dieses enorme Unterfangen endete 1949. In den folgenden Jahrzehnten herrschte regulärer Flugbetrieb, 2008 wurde der Flughafen geschlossen. Was aber sollte nun mit einer Fläche von rund 450 Fußballfeldern mitten in der Stadt passieren? Es gab Pläne und Konzepte, die Regierung schob das sanfte Wort »Randbebauung« in die Diskussion. 70 der etwa 300 Hektar sollten für drei neue Stadtquartiere mit rund 4700 Wohnungen, Gewerbeflächen und einer Zentral- und Landesbibliothek abgezwackt werden. Dazu sollte es nicht kommen, denn als 2014 über die Nutzung des Flughafenfeldes in einem Volksentscheid abgestimmt wurde, sprachen sich 64% der Beteiligten gegen jedwede Bebauung aus. Das ist jetzt Gesetz und ja, Gesetze lassen sich durch neue Gesetze ersetzen, aber ob es so weit kommt, steht in den Sternen.

Das Tempelhofer Feld ist ein charismatischer und sehr unwirklicher Ort. Wo hat man in einer so großen Stadt wie Berlin diese Art von Horizont? Kein Gebäude, nicht mal ein Baum durchbricht die von Wegen gesäumte und von Gräsern bewachsene Horizontale. Ein kleiner Teil der Fläche wird für »Urban Gardening« genutzt, rund 600 Hobbygärtner engagieren sich hier seit 2010. Herausgekommen ist ein faszinierender, duftender, farbenfroher und summender Patchworkgarten mit Bänken und ohne Zäune, für jede und jeden begehbar. Neben den gärtnerischen sind zahlreiche künstlerische und soziale Projekte auf dem Tempelhofer Feld entstanden, ein paar simple Regeln gibt es und den ausdrücklichen Wunsch, sich zu beteiligen. Man kann allerdings auch einfach im Gras liegen und in den weiten Himmel gucken, spazieren gehen, joggen, Rollschuhlaufen, Skateboarden, eine Runde mit dem Hund drehen oder Kite-Surfen. Am Eingang Columbiadamm findet sich ein Biergarten, ansonsten gibt es auf dieser riesigen Fläche eigentlich nur Wolken, Drachen, Blumen, Vögel, Sonne, Regen, andere Leute, ein bisschen Asphalt und Gras. Ganz genau: Wo gibt's denn so was.

15

U1 / U2 / U3 / U4 NOLLENDORFPLATZ

Street Art goes Museum

URBAN NATION
MUSEUM FOR URBAN CONTEMPORARY ART
BÜLOWSTRASSE 7
10783 BERLIN
TEL. 030 322 95 989
DI - SO 10-18
WWW.URBAN-NATION.COM/DE

Als ich Kind war, gab es vieles noch nicht und von anderem dafür ganz viel: Ordensfrauen in ihrer Nonnentracht beispielsweise gehörten zum Stadtbild, Reisebüros und Reformhäuser. Die Innenstadt war mit sogenannten »Kaufhäusern« gespickt, die Briefpapier, BHs, Pfeifentabak, Katzen und Wärmflaschen, Softeis und Witze-Bücher verkauften. Ein Kaufhaus war so was wie das Internet in klein mit Sachen, die man gleich mitnehmen konnte. In Fußgängerzonen standen damals Typen mit dunklen Schnauzbärten und bunten Ponchos, die lustige Musik machten und wenn sie fertig waren, ging jemand mit einem Mexikanerhut herum und sammelte Geld

ein. So wie Musiker zur Fußgängerzone gehörten, gehörten auch Asphaltmaler dazu. Straßenkunst hieß es, wenn Menschen mit bunter Kreide mittelgroße Bilder auf den Boden malten – meistens handelte es sich um Mona Lisa oder die Mutter Gottes. An Häuser malte niemand (warum auch) und wenn, dann nur Parolen wie »Bullenschweine raus« und »AKW nee«. Vielleicht ist die Zeit der Parolen vorbei, man sieht sie nur noch selten. Was aber dafür umso stärker in den Vordergrund getreten ist, nennt sich Urban Street Art, eine Kunst, die in den Straßen Berlins fast omnipräsent ist. Als Flächen dienen Häuserfassaden, Unterführungen, Ampeln, Brandmauern, Brücken und eigentlich alles, das sich nicht bewegt. Es wird gepinselt, gesprayt, geklebt und sogar gesprengt. Die Motive sind groß- oder kleinformatig, monochrom oder bunt, abstrakt oder realistisch, und alle eint in ihrer Unterschiedlichkeit eines: Sie geben sich der Vergänglichkeit preis, denn früher oder später verschwinden die Bilder durch ihre natürlichen Feinde, manche durch Wind und Wetter, die meisten durch Abriss und Sanierung. Die hochtalentierten Künstlerinnen und Künstler aus aller Welt wissen das und verschütten ihr Talent dennoch mit Leib und Seele, ganz so, als würden sie ihrer Kunst eine ungestüme Affäre mit den Leinwänden der Stadt gewähren. Verbotene Graffiti, Tags und kunstvolle, legale Wandbilder gab es in Berlin schon immer. Seit sich die gebürtige Isländerin Yasha Young der Urban Street Art in Berlin angenommen hat, haben sich Quantität und Qualität dieser Kunstform allerdings zu etwas ganz Neuem entwickelt. Young, die eigene Galerien in Brooklyn, London und Berlin führte und über beste internationale Kontakte in der Kunst-Szene verfügt, setzte und setzt alles daran, unterschiedlichsten Street-Art-Künstlern die Möglichkeit zu eröffnen, ihre Werke und Ideen auf legale Weise im Stadtbild Berlins auftauchen zu lassen. Sie arbeitet mit dem Senat, mit Hausbesitzern und Wohnungsbaugesellschaften zusammen, die ihrerseits ein Interesse daran haben, die Fassaden ihrer Immobilien ganz individuell zu gestalten – und sei es nur für einen begrenzten Zeitraum. Wer sich für diese Art der Kunst begeistern kann, dem sei die Bülowstraße ans Herz gelegt, deren Hauseingänge, Fassaden und Brückenpfeiler wie eine Freiluft-Galerie fungieren. In Kooperation mit einer Stiftung ist es Young zudem gelungen, im Herbst 2017 das weltweit erste Street-Art-Museum in genau diesem Bülow-Kiez zu eröffnen. Das Leitmotiv lautet »Connect. Create. Care«. Gemeinsam mit Urban Street Artists werden über die Kunst internationale soziale Projekte initiiert und unterstützt. Einige der Aktionen wurden dokumentiert und sind im Museum zu betrachten, so wie man überhaupt vieles direkt vor Ort entdecken kann. Der Eintritt ist frei. Leichter kann es einem die Kunst nun wirklich nicht machen.

16

U1 KURFÜRSTENSTRASSE

Die besten Cocktails der Stadt

VICTORIA BAR
POTSDAMER STRASSE 102
10785 BERLIN
TEL. 030 257 59 977
SO - DO 18.30-3, FR - SA 18.30-4
WWW.VICTORIABAR.DE

Lust auf Raspberry Gin Fizz? »Bettina, das ist nett gemeint«, aber wer so viel rumkomme wie er, Tokyo, New York, London, wer die exklusivsten Bars und die erlesensten Cocktails kenne, der wolle auf diese Qualität nie wieder verzichten. Er wisse auch, wie borniert das klinge. In Berlin gebe es ja vieles, keine Frage, aber eine Cocktailbar, die auf internationalem Niveau mithalten könne, leider nicht. Ich frage ihn, ob er mich dennoch begleiten wolle, schließlich hätten wir 2 Stunden Zeit. Klar, kein Problem.

Die Victoria Bar ist angenehm gefüllt, heute Abend sitze ich am Tresen. Mein Begleiter sieht sich um. »Guter Laden«, sagt er fast

widerwillig. Ich weiß, denke ich, wart's ab.
Schon bei der Geburt im Jahr 2001 brachten die Eltern Beate Hindermann und Stefan Weber eine hübsche Bar zur Welt, die über die Jahre nur noch besser und selbstbewusster wurde, ohne sich jemals launischen Hauptstadttrends an den Hals zu werfen. Fotos, Licht, Bilder, Möbel, Farben – alles ist bedacht und stilvoll arrangiert. Aber so ansprechend das Ambiente auch sein mag: Das Herz einer Bar schlägt hinter dem Tresen, dort, wo die besonderen Ingredienzien, Flaschen, Gläser und Utensilien stehen, wo die Artisten und Alchemisten arbeiten, auf die es ankommt. Jedenfalls dann, wenn die Bestellung über einen Sekt auf Eis hinausgeht – und das sollte sie, zumal man sich hier in der wahrscheinlich besten Cocktailbar Berlins befindet. Zudem, wer hungrig ist oder wird, hat Zugriff auf eine Auswahl warmer oder kalter Speisen. »Die Drinks müssen über jeden Zweifel erhaben sein«, sagt Barchefin Beate, »sonst kannst du dir solche Arabesken wie das Duzen der Gäste gar nicht erlauben.« Disziplin, Leidenschaft, Erfahrung, Herzlichkeit und ein Faible für Elvis – mit diesen fünf Begriffen ließe sich Beate sicherlich ganz gut beschreiben. Sie ist eine Vollblutgastronomin. Ihre Bar hat sie in einem aus medizinischer Sicht unerklärlichen

360-Grad-Winkel genau im Auge. Für ihren Instinkt spricht zudem die Tatsache, dass die meisten aus dem Victoria-Team seit vielen Jahren oder sogar von Anfang an dabei sind.
Ich trinke einen »Brandy Alexander«, den habe ich mir beim Sänger Olli Schulz abgeguckt, der mich mit seiner Bestellung unrettbar beeindruckte. Klingt nach Faye Dunaway und schmeckt wahnsinnig gut. Mein Begleiter möchte probieren, natürlich. Ich höre »erstklassig« und sehe, wie seine Hand nach der Getränkekarte greift. Das Ende vom Lied ist die Umkehr meiner Einleitung, die Läuterung eines Skeptikers, die Begrüßung eines zukünftigen Stammgastes. Ich weiß: Er wird die Bar weiterempfehlen. Nicht dass das nötig wäre, aber die *New York Times* tut's ja auch. Sie wählte die Victoria Bar unter die »5 Things to do in Berlin«.

17

U 7 EISENACHER STRASSE, BUSSE M 19 / 204 WINTERFELDTPLATZ

Mediterran-orientalische Spezialitäten mit Liebe gemacht

MEYAN
GOLTZSTRASSE 36
10781 BERLIN
TEL. 030 754 42 540
MO - SA 10-22.30, SO 10-17
WWW.MEYAN-BERLIN.DE

Wenn ich früher bei festlichen Anlässen den Tisch abgeräumt oder zwischendurch das Geschirr gespült habe, sagte meine Mutter gerne: »Bettina hat ja sieben Jahre im Service gearbeitet.« In das Wort »Service« legte sie eine Bedeutsamkeit, als hätte ich das Bernsteinzimmer oder ein Mittel gegen Krebs gefunden. Klar habe ich parallel zu Schule und Studium gekellnert, wie so viele andere auch und all diese Menschen wissen so gut wie ich: Die Gastronomie ist ein hartes Pflaster. Von den Arbeitszeiten einmal abgesehen: Es ist schwierig, sich als neues Café oder Restaurant zu etablieren. Wer Pech hat, bei dem setzen sich die falschen Gäste fest,

wer noch mehr Pech hat, zu dem kommen nicht mal die Falschen. Vielleicht ist die Konkurrenz zu stark, der Koch zu oft krank, die Personaldecke zu dünn, die Lage schlecht, vielleicht fehlt es an Erfahrung, Geld oder schlicht und spürbar an der Freude. All diese Sollbruchstellen führen dazu, dass rund 70 % aller neu gegründeten Restaurants nach zwei Jahren wieder schließen.

Stellen Sie sich ein junges deutsches Ehepaar türkischer Herkunft vor, das in einer vor Cafés und Restaurants strotzenden Straße sein eigenes Konzept umsetzen möchte. Eckdaten: zwei kleine Kinder, wenig Zeit, begrenztes Budget, abgerockter Laden und keinerlei gastronomische Erfahrung. Stehen die Chancen da wirklich noch 50:50, wie es mir Cigdem, um die es hier auch geht, aus ihrer Erinnerung erzählt? Ich glaube, diese 50:50-Aufteilung passt auch ganz gut zu Cigdem selbst, die je nach Sachverhalt munter einwirft, die Herangehensweise läge wohl »an unserem türkischen Blut«, um wenig später zu erklären, dieses und jenes käme sicher daher, dass sie eben aus Süddeutschland käme, »ich bin halt eine gebürtige Schwäbin«. Im Nachhinein war es geradezu optimal, dass sich weder die diplomierte Modedesignerin noch ihr Mann Ani, der als Schauspieler und Moderator arbeitet, die Risiken ihres Unterfangens in aller Deutlichkeit vergegenwärtigten. Sie legten ohne Vorbehalte los, schlugen alte Mauersteine frei, suchten analoge und digitale Flohmärkte nach passenden Einrichtungsgegenständen ab, ließen Möbel restaurieren, strichen die Wände in warmen Farben und kombinierten ihre Liebe zu alten Sachen mit lauter Neuem. Heraus kam 2013 das ziemlich geräumige und sehr gemütliche Meyan, ein modernes türkisches Café-Restaurant in der Goltzstraße, einer ehemaligen Pulsader, heute aber immer noch dicken Vene Schönebergs. Mittelpunkt des Ladens ist eine große Glasvitrine, gefüllt mit tausend Köstlichkeiten, die man sich selbst zusammenstellen kann. Auf der Karte sind moderne und traditionelle türkische Spezialitäten wie Fırında Tavuk, Tavuklu Kuşkonmaz, Gırık oder Karnıyarık zu finden (das alles geht nur dank Copy & Paste), es gibt eine große Frühstücksauswahl und selbstgemachte Marmeladen, Seifen aus Esels- und Ziegenmilch, Tücher und Taschen, bunte Teller und Schälchen. Und Bücher. 2011 gründeten Cigdems Schwestern den Berliner binooki-Verlag, in dem sie u. a. Romane, Krimis, Kinderbücher und moderne Klassiker türkischer Autorinnen und Autoren veröffentlichen, die nun erstmals ins Deutsche übersetzt wurden. Kochbücher gibt's natürlich auch.

Um die Klammer zu schließen: Der Laden brummt, die Gastronomie-Anfänger haben alles richtig gemacht. Woran das liegt? An der Qualität. An der Freundlichkeit. Sie tun es mit Liebe. Und sie arbeiten wie irre.

18

U 4 VIKTORIA-LUISE-PLATZ

Charmantes österreichisches Restaurant

SISSI
MOTZSTRASSE 34
10777 BERLIN
TEL. 030 210 18 101
TÄGLICH AB 17
WWW.SISSI-BERLIN.DE

Meine Freundin Miranda vermietet Fincas auf Mallorca. Sie ist eine geborene Gastgeberin, professionell, freundlich, kreativ. Die Feriengäste sind zumeist hoch zufrieden, und dann kommt der Nachklapp: die Bewertungen. Hey, was für ein Urlaub, so toll alles, aber an einem Tag sei plötzlich eine Schafherde am Haus entlanggelaufen und alle Schafe hatten Glöckchen um den Hals – dieses Gebimmel, zwei Stunden, und das Kind sei am nächsten Tag in Schafscheiße getreten, daher nur 3 von 5 Sternen. Oder jemand, der alles großartig fand. Alles, bis auf die Gläser, von denen es mehr als genug gab. Da die Familie aus sechs Personen bestand, nervte es ihn,

dass er nie sechs identische Gläser auf dem Tisch vorfinden konnte. Nur 3,5 von 5 Sternen.

Bewertungen sind ein basisdemokratisches Entscheidungstool, mit dem es verantwortungsvoll umzugehen gilt – gerade wenn es sich beim Empfänger um Menschen handelt, deren berufliche Existenz davon abhängt. Geht sorgsam, verantwortungsbewusst damit um. Über kurz oder lang könnte dieser ganze Befindlichkeits- und Bewertungszirkus dazu führen, dass kaum noch jemand Neues wagt.

Meine negativste Erfahrung mit diesem Thema machte ich an einem lauen Sommerabend, den ich mit Freunden im »Sissi« verbrachte. Ich hatte sie dorthin geführt, weil es ein überaus charmantes und für Berliner Verhältnisse ungewöhnlich kleines Restaurant ist, mit österreichischer Küche und dem besten Dessert der Welt. »Völlig egal, ob ihr Backhendl, Saftgulasch oder Wiener Schnitzel esst oder Vegetarier seid – mir ist schnuppe, was ihr von der Karte bestellt, ihr werdet zufrieden sein. Versprecht mir nur eins: Zum Nachtisch essen wir alle Marillenknödel.« Abgemacht. Die Marillenknödel mit Nussbutter und Himbeerschaum sind unübertrieben das mit Abstand beste Dessert, das ich jemals gegessen habe.

Küchenchef und Besitzer Martin Hartmann, Österreicher und

stolzer Nachfahre eines traditionellen Bäckermeisters, absolvierte seine Lehre zum Koch im Hospizhotel am Arlberg, einem 5-Sterne-Haus. Nach Stationen in Frankreich, der Schweiz und in Salzburg, wo er eigene Restaurants leitete, eröffnete Martin 2007 in der Motzstraße das »Sissi«. Wo ich nun mit fünf Freunden saß, ich, die Dessert-Patin, verantwortlich für sechs Portionen Marillenknödel. Martin hob bedauernd die Schultern und schüttelte den Kopf. »Wie, schon aus?« »Nee, wir haben die von der Karte genommen.« Es fühlte sich an, als würde eine Abrissbirne gegen meinen Kopf fliegen. »Sehr witzig.« »Nein, wir hatten da eine so schlechte Bewertung, einer Frau schmeckten die Knödel nicht, keine Ahnung, vielleicht war an dem Abend irgendwas anders, aber so was kannst du dir als Restaurant heute nicht mehr leisten.« Ich war sauer auf Unbekannt. Und ich litt. Da ich aber nicht der einzige Marillenknödel-Junkie war – auch für zahlreiche andere Gäste brach wohl eine Welt zusammen –, gibt es sie inzwischen wieder. Für mich sind sie der wichtigste, aber nicht der einzige Grund, um hier regelmäßig zu essen. Hinzu kommen faire Preise, Fleisch aus artgerechter Tierhaltung, der Schilcher, ein Frizzante, der schmeckt, als hätte er in schwarzen Johannisbeeren gebadet, und das selbstgebackene Brot, das man übrigens auch kaufen kann. Die zwei ebenerdigen Räume sind nicht besonders groß. Hier ist es muckelig, besonders im Winter, wenn sich der Kaminofen die Wärme aus dem Bauch bollert. Im Sommer sitzen die meisten Gäste natürlich draußen. Und wenn's mal zu voll ist oder größere Gruppen erwartet werden, zieht man in den ersten Stock um, wo an die 60 Leute Platz finden. Österreich-Anfänger können sich hier mit den nicht unerheblichen Sprachunterschieden vertraut machen. Wer Eierkuchen verlangt und lässig »Palatschinke« bestellt, der lege die Betonung bitte auf das I und lasse das N am Ende weg, denn es wäre falsch. Vegetarier können unbesorgt zum »Vogerlsalat« greifen, da es sich hier um das fedrig verkleidete Wort für Feldsalat handelt. Irritierenderweise bekommt Erdbeeren, wer Ananas bestellt, aber nun. Die Mitarbeiter des »Sissi« sind über jeden Zweifel erhaben und lotsen alle Sprachanfänger souverän und freundlich durch die Karte.

19

U1 / U2 / U3 / U4 NOLLENDORFPLATZ

Eine Wunderkammer voller Trouvaillen

Ich habe einen dreiköpfigen Nerz gesehen, der versuchte, einem Straußenei zu entfliehen. Ich sah grünlich glänzende Riesenkäfer, handtellergroß, hinter Glas. Und an Bändern hingen stachelige Kugelfische von der Decke, bei ein paar ausgestopften Vögeln mit starrem Blick, dort, neben einem uralten Zirkusplakat.

Kein Traum, keine Drogenphantasie, keine Szene aus einem experimentellen Film. Auf Motive wie diese trifft der Besucher im höchst ungewöhnlichen Antiquariat von Thomas Mertens. Sein Laden ist eine Wunderkammer, wie ein erfundener Ort mit erfundenen Kreaturen, Bildern und Büchern, die nichts mit der Gegenwart oder einer Lebens-

ANTIQUARIAT THOMAS MERTENS
WINTERFELDTSTRASSE 51
10781 BERLIN
TEL. 030 251 9203
MO - SA 11-18

wirklichkeit zu tun haben. So ein Sortiment steht nicht auf Flohmärkten herum, nicht mal auf den exklusivsten. Es sind ausgesuchte Unikate aus einer geheimnisvollen Vergangenheit, gefunden hier und da. Beim Betreten des Ladens zieht sich der Muskel der eigenen Vorstellungskraft zusammen, augenblicklich setzt die Stimulation der Phantasie ein. Wer sammelte diese schillernden Insekten? Hingen sie über dem durchgesessenen Sofa eines zwielichtigen Wissenschaftlers, der sich bis tief in die Nacht über seine unleserlichen Notizen beugte? Durch welchen Ozean schwammen diese komischen Fische? Wie vermehren die sich mit all ihren Stacheln? Kommen sie so in der Natur vor oder handelt es sich um Wolpertinger? Existieren tatsächlich Wälder auf der Welt, in denen Schmetterlinge wie diese durch die Luft fliegen?

Wie gut es sein kann, nicht auf alles eine Antwort zu haben. Wer vor den Schaufenstern oder im Inneren des Antiquariats steht, staunt still und merkt schließlich, wie selten das passiert: Staunen.

Thomas Mertens besitzt viel Erfahrung und ein gutes Händchen für Trouvaillen aller Art. Der studierte Kunsthistoriker konzentrierte sich in den ersten Jahren seiner Selbstständigkeit auf antike Bücher, mit denen er auch jetzt noch handelt. Durch digitale Verkaufsportale wurde dieser Markt jedoch empfindlich umgekrempelt, und Mertens entschied sich, sein Angebot zu erweitern. Neben Plakaten, Karten, Bildern, Büchern und Skurrilem verkauft er inzwischen auch zeitgenössische Fotokunst. Ob es Objekte in seinem Laden gibt, von denen er sich nicht trennen würde, frage ich ihn. Nein, er könne sich von allem trennen. Gut, aber es wird doch etwas geben, worauf er klammheimlich in all den Jahren seiner Tätigkeit hier wartet, einen ersehnten Zufallsfund, eventuell ein bis dato unentdecktes Lesezeichen in einem antiken

Buch, eine vergilbte Postkarte mit einer Blauen Mauritius. Mertens lacht, aber nur kurz. Nein. Er wartet auf nichts Bestimmtes. Neulich allerdings brachte ihm jemand zwei handbeschriebene Blätter aus dem 8. Jahrhundert mit einer Abhandlung über die Wirkung von Wein. Da sprang sein Herz dann doch.

Mein Herz übrigens springt jedes Mal, wenn ich einen Blick auf die 40 Millionen Jahre alten Dinosaurierzähne werfe, die hier für 90 € pro Stück verkauft werden. Herr Mertens, sage ich, 500 000 Jahre übersteigen ja schon meine Vorstellungskraft. Aber 40 Millionen Jahre? Für nur 90 €? Das sind 0,00000225 Cent pro Jahr, da stimmt doch was nicht. Herr Mertens bleibt gelassen. »Die ganze Wüste in Marokko ist voll davon, das war ja mal ein Meer, und der Sand hat die Zähne ziemlich gut konserviert. Die hier gehörten den kleineren Sauriern, den Echsen.« Vierzig Millionen Jahre? Noch vor gerade mal 20 000 Jahren war Berlin von einem großen skandinavischen Eisschild bedeckt. Fasziniert und mit einem kleinen Schwelbrand im Gehirn verlasse ich den Laden. Wenn ich hier morgen wieder vorbeigehe und ins Fenster schaue, ist alles verheilt und kann sich von neuem entzünden.

20

U 1 / U 2 / U 3 / U 4 NOLLENDORFPLATZ, BUSSE M 19 / 204 WINTERFELDTPLATZ

Der grüne Daumen Gottes heißt Mike

KIRCHENGARTEN
DER ST.-MATTHIAS-KIRCHE
WINTERFELDTPLATZ
10781 BERLIN

Vor neun Jahren hat es angefangen, mit kleinen Veränderungen, die sich zu Größerem addierten, und von einem Tag zum anderen war es nicht mehr zu übersehen. Plötzlich wirkte die Grünfläche an der St.-Matthias-Kirche, als hätte jemand eine Fototapete um das Gotteshaus gespannt. Da, wo jahrelang freudlos dunkelgrünes Gebüsch und stadtstaubiges Efeu wucherten, wuchsen mit einem Mal Blumen, rankten sich Blüten an Stäben und Fäden herauf, summten Bienen und Hummeln und flatterten Falter in leuchtend bunten Versace-Fummeln. Was war denn hier passiert? In Berlin denkt man erst mal an Dreharbeiten. Falsch. Jemand hatte damit begonnen, den ausladenden Garten vor, hinter und neben der Kirche zu bepflanzen, wild durcheinander und doch mit System. Stockrosen, Duftrosen, Sonnenblumen, Rittersporn, Lupinen. Die Leute blieben stehen, staunten, machten Fotos oder schnupperten vorsichtig an den Blüten. Es lebe die Kirchensteuer, dachte ich noch, bevor ich einmal spätabends auf dem Nachhauseweg in der Dämmerung einen bärtigen Mann inmitten der Beete sah. Er rupfte hier und zupfte dort, rieb sich mit dem Handrücken verschwitzt eine Strähne aus der Stirn und hob dann wieder Erde aus. Das war kein Blumendieb, das war die grüne Hand Gottes, der Mann, der hier alles im Griff hatte.

Mike wohnt in direkter Nachbarschaft zur Kirche, studierte Garten- und Landschaftsbau und arbeitet in einem Bekleidungsgeschäft für Männer. »Ich ging hier eines Tages lang, als sich ein Brautpaar vor der Kirche fotografieren ließ – mit zwei Meter hohen Brennnesseln im Hintergrund. Mir fiel sofort mein Großvater ein, der hätte die Hände überm Kopf zusammengeschlagen. So was geht doch nicht: Man muss vor Rosen stehen.« Mike beantragte die Pflegschaft für diese Grünfläche, um die sich niemand kümmerte und die formell der Stadt gehört – und legte augenblicklich los. In jeder freien Minute entfernte er nun Zigarettenstummel, Hundekot, Fixerbestecke, Sperrmüll und Fastfood-Reste, lockerte den Boden auf, düngte und wässerte ihn, pflanzte und säte. Hat die Stadt sein Vorhaben finanziell ein wenig unterstützt? Mike schüttelt den Kopf. Zeigte sich denn die Kirche großzügig, der er einen Garten Eden vor die Tür gezaubert hatte? Na ja, immerhin hätten sie vor zwei Jahren einen Wasseranschluss spendiert, nachdem ein Artikel über Mike in der Zeitung erschienen sei. Vorher musste er jeden Liter Wasser mit der Gießkanne vom Marktplatz holen, aber das erzählt Mike nur, wenn man ihn explizit danach fragt. Er möchte lieber von den positiven Dingen sprechen, gemeckert werde genug.

Das Geld für Pflanzen zahlt er aus eigener Tasche, hin und wieder stecken ihm Kiezbewohner etwas zu, an guten Tagen kommt jemand in den Klamottenladen, in dem er arbeitet und hinterlässt eine Spende, sodass er neue Blumen kaufen kann, denn leider werden auch immer wieder Gewächse gestohlen. Frechheit, direkt aus dem Vorgarten des Allmächtigen.

Einmal bekam Mike 2 € von

einem Obdachlosen in die Hand gedrückt, die sich dieser in den davorliegenden Stunden erbettelt hatte. »Er sagte mir damit: Ich bin dir dankbar. Ich teile mein Geld mit dir, weil du dich um diesen Garten kümmerst. Daher habe ich es angenommen, ich wollte seine Geste respektieren.«

Katholisch ist Mike nicht, aber das sei unwichtig. »Für mich ist Gott auch in der Natur zu finden. Dieser Garten hier ist der Ort, an dem ich mit ihm spreche.«

In Beete eingebettete Gebete. »Genau. Daran glaube ich.« Mike ist ein freundlicher, zurückhaltender Typ. Diese Freundlichkeit behält er auch bei, wenn er über das bürokratische Procedere spricht, das bis heute mit diesem Kirchengarten einhergeht. Durch zahllose Instanzen schob sich sein Begehren, allein sechs Jahre dauerte es, bis der Antrag genehmigt war. Einen Tick höher wird seine Stimme dann doch, wenn er sagt, er hätte sich verpflichten müssen, dieses Biotop in den ursprünglichen Zustand zurückzuversetzen, wenn er die Pflegschaft eines Tages wieder abgeben würde. Zurück zur Ödnis, zum Müll, zur Verwahrlosung. Absurd. Eigeninitiative sollte nicht verhindert, sondern belohnt werden. »Ach, ich mache weiter, solange ich das hinbekomme, gesundheitlich und finanziell, solange sich die Leute daran erfreuen.« Mike for Mayor.

21

U 7 EISENACHER STRASSE, BUSSE M 19 / 204 WINTERFELDTPLATZ

Brasilien meets Berlin

ATELIER CULINÁRIO
SABINE HUECK
KYFFHÄUSERSTRASSE 21
10781 BERLIN
RESERVIERUNGEN UND BUCHUNG ÜBER
WWW.SABINEHUECK.DE

In Deutschland sei alles besser, da waren sich beide Omas im heimischen Brasilien einig. Keine Menschenschlangen vor den Bankhäusern, die gute Qualität der Straßen und erst der Geschmack von Kirschen und Erdbeeren. »Dein Mund würde explodieren vor Glück, Sabinchen«, sagten sie zu ihrer Enkelin. Gebürtig kamen Sabines Großmütter aus Berlin, sie migrierten zu unterschiedlichen Zeiten und aus unterschiedlichen Gründen nach Südamerika. Weil sich die alte Heimat nicht dagegen wehren konnte, wurde sie idealisiert, so ist es ja oft, stilisiert zu einem Sehnsuchtsort, der aber den Erwartungen des in São Paulo geborenen und aufgewachsenen

Mädchens standhielt. Sabine war 12, als sie zum ersten Mal nach Deutschland kam, und sie war 18, als sie sich entschied, zu bleiben. Zum Entsetzen ihrer Eltern hegte sie den Wunsch, ihr Leben der Kulinarik zu widmen, dem Kochen und Backen, und zur Freude zahlloser Freunde, Gäste und Kunden ließ sie von diesem Wunsch nicht ab. Und damals? Hotelfachschule München, »Vier Jahreszeiten«, Ausflug in die Waldorfpädagogik. Früh wird sie Mutter, geht wieder nach Brasilien, gründet eine Konditorei »mit den Kuchenrezepten von hier und den exotischen Früchten Brasiliens, das lief super«, dann kehrt sie nach Berlin zurück. Heute führt Sabine Hueck in Schöneberg das kleine Atelier Culinário, ein Manchmal-Restaurant und Hin-und-wieder-Café. Das Atelier gleicht einer Schatzkiste, ist Kochstudio, Eventlocation, geheimer Ort. Hier laufen die Fäden ihres Lebens zusammen.

Vor einigen Jahren begann sie damit, Bücher zu schreiben. Wunderbare Koch- und Rezeptbücher, in denen sie, einem stolzen Brautvater gleich, das Traditionelle behutsam dem Neuen zuführt, um etwas Besonderes daraus entstehen zu lassen. Für das Auswärtige Amt verfasste sie ein Buch über die deutsche Küche, aber natürlich geht es dabei auch um ihre brasilianische Herkunft. Und die typische brasilianische Küche? Sie wüsste nicht, was das sein sollte. »Das Typischste daran ist, dass sich die Kulturen dort vermischen. Italiener, Japaner, Portugiesen, indigene Völker, Afrikaner, Deutsche. Das ist die perfekte Kombination und das würde ich als die brasilianische Küche bezeichnen.«

Es ist nicht unriskant, diese Frau zu beschreiben. Worte wie »Natürlichkeit« würden fallen, »Wohlwollen«, »Ausstrahlung«, »Weltoffenheit«. In ihrem Atelier führt sie Menschen ans Kochen heran, bastelt an Rezepten, richtet Feiern aus, dreht Kochfilme und tut sich schwer damit, ihren Öffnungszeiten und ihrem Programm (Kochkurse, Dinner-Abende usw.) eine Regelmäßigkeit zu verleihen. Typisch deutsch ist wahrscheinlich, genau das zu vermissen. Oder typisch brasilianisch, es offen zu lassen. Es läuft ja auch so, und manchmal stößt Sabine Hueck zeitlich mit all ihren Projekten und Plänen an die Grenze des Realisierbaren. Das ist sicherlich der Hauptgrund dafür, das Atelier eben nicht täglich zu öffnen. Wer eintauchen will in dieses kleine Refugium, diesen Küchenraum mit Gartenstühlen aus der DDR und Tischen aus Leipziger Kneipen, Leuchten, Kerzen, Farben und Blumen, der muss sich vorher auf ihrer Homepage schlaumachen. Schauen Sie nach, ob noch ein Platz frei ist beim Kochkurs, den Sabine selbst gibt oder befreundete Spitzenköche aus aller Welt. Oder man besucht einen der seltenen Dinner-Abende, beispielsweise ausgerichtet vom 2-Sterne-Koch Michael Kempf. Schon wenige Tage später wird »gemeinsames Kochen mit Kaoru Iriyama«, die bei einem Großmeister der japanischen Küche gelernt hat, angeboten. Wer einmal im Atelier Culinário gelandet ist, fühlt, dass er wiederkommen wird. Sabine weiß das. Und falls sie es mal vergessen sollte, kann sie jederzeit ins Netz schauen. Wenn Gäste schreiben, sie hätten »Liebe gegessen«, dann ist das ja wohl kaum zu toppen.

22

S-/U-BAHNHOF YORCKSTRASSE

Für Abschiede, Ankünfte und ruhige Momente

FRIEDHOFSCAFÉ FINOVO
EINGANG DURCH EIN STEINERNES
JUGENDSTIL-PORTAL
ALTER ST.-MATTHÄUS-KIRCHHOF
GROSSGÖRSCHENSTRASSE 12-14
10829 BERLIN
TEL. 030 206 15 520
MI - SO 10-20, DI 12-20
BETREIBER: BERND BOSSMANN
(AKA ICHGOLA ANDROGYN)
WWW.CAFE-FINOVO.DE

FRIEDHOF DER ZWÖLF-APOSTEL-
KIRCHENGEMEINDE
KOLONNENSTRASSE 24-25

Als ich sechs war, starb mein Vater. Wenn ich meine Mutter auf den Friedhof begleitete, schämte ich mich jedes Mal für den Impuls, all die Blumen auf den anderen Gräbern mit nach Hause nehmen zu wollen, schließlich würden sie hier nur verrotten. Die dem Ort vermeintlich angemessenere Trauer überkam mich dort nie. Eher war ich froh, wenn die Zeit endlich um war, denn man musste ruhig sein und überall standen alte Frauen mit strengen Gesichtern, flüsterten miteinander und zupften Unkraut.

Vor dem Nachbargrab meines Vaters saßen manchmal ein paar jüngere Leute auf dem Boden, das gefiel mir schon besser. Sie

drehten sich Zigaretten, sprachen laut und gestikulierten wild, der Name »Benno Ohnesorg« war in den Stein graviert. »Das war ein linker Aktivist«, sagte meine Mutter knapp, als könnte ein kleines Mädchen sich darunter etwas vorstellen.

Mit ungefähr 16 Jahren dann besuchte ich mit meinem Freund Kuno den Pariser Friedhof »Père Lachaise«. »Hier liegt ein Gott, Bettina«, sagte er mit ernster Stimme, »Jim Morrisson von den Doors.« An seinem Grab standen und saßen bestimmt 70 Leute, sie rauchten Joints und hörten Musik.

Ich selbst habe nie einen Bezug zu Friedhöfen bekommen, um genau dort eines Menschen zu gedenken. Dennoch kenne ich inzwischen einen dieser Orte, der mich erahnen lässt, dass eine unvergleichliche Stimmung von Plätzen wie diesen ausgehen kann. Ich entdeckte ihn durch Zufall.

Ein paar Jahre ist es her, dass ich mein Auto zur Reparatur brachte und zwei Stunden später wiederkommen sollte. Ich beschloss, zu erkunden, was es mit der alten Mauer neben der Werkstatt auf sich hatte. Sie zog sich auf langer Strecke hin bis zur nächsten Kreuzung, verschwand dann hinter Häusern. Ich lief einmal halb ums Karree und stand plötzlich vor dem steinernen Eingangsportal des St.-Matthäus-Friedhofs. Und sicherlich hätte ich ihn gar nicht betreten, wäre mir nicht gleich am Eingang dieses urig wirkende Café aufgefallen. Viele unterschiedliche Blumentöpfe standen dort, zusammengewürfelte Tische und Stühle, Figuren, Tinnef, das alles wirkte nicht förmlich, sondern familiär. Der Kuchen schmeckte wunderbar (»selbstgebacken!«), und ein Gast am Nebentisch klärte mich darüber auf, dass dies ein besonderer Friedhof sei. »Besonders angelegt und besonders queer.« Neben Soldaten und ehemaligen Gemeindemitgliedern wurden hier viele bedeutende Persönlichkeiten wie der Mediziner Rudolf Virchow oder die Gebrüder Grimm begraben. Und auf zahlreichen Grabsteinen stehen die Namen von Menschen, die zeitlebens auf unterschiedliche Weise für die Rechte und Akzeptanz bi- und homosexueller Menschen gekämpft hatten. Rio Reiser ist unter ihnen, der Filmemacher Manfred Salzgeber, der Maler Gustav Richter oder die Drag-Legende und Polit-Aktivistin Ovo Maltine. Der Verein EFEU organisiert die Pflege und Patenschaften der kulturhistorisch bedeutsamen Gräber, veranstaltet einmal jährlich eine Art Bildungs-Rundgang mit dem

Namen »Kreuz & Queer« und lädt für verschiedene Veranstaltungen ins eben schon beschriebene »Café Finovo«, ein Name, der sich aus dem Ende (Fin) und dem Neubeginn (novo) zusammensetzt.
Eine der Friedhofstangenten wird von der hochgelegten S-Bahn geschnitten, die sich alle paar Minuten wie eine bunte Raupe auf der Trasse neben den Baumkronen entlangschlängelt. Von der anderen Seite dringt zwischendurch Kindergeschrei herüber, klar, da ist eine Kita. Und genau das ist es ja, Finovo, so muss ein Ort des Abschieds klingen: nicht abgekanzelt, sondern mit Platz für die Geräusche im Alltag derer, die noch da sind, die ihre Verluste betrauern und weiterleben.

Dahlem, Wannsee, Zehlendorf

23

BUSSE 115 / X 10 / X 83 KÖNIGIN-LUISE-STR./CLAYALLEE

Wald & Vesper

GRUNEWALDSEE
14193 BERLIN

CHALET SUISSE
IM JAGEN 5 / CLAYALLEE 99
14195 BERLIN
TEL. 030 832 6362
TÄGLICH 12-22
WWW.CHALET-SUISSE.DE/

Im Vergleich zu anderen Städten gilt Berlin immer noch und immer wieder als das wilde Ding mit schwarzer, verwischter Augenschminke, Laufmaschen in den Strümpfen und dem festen Willen, alle anderen unter den Tisch zu trinken. Es gibt zahlreiche Orte in dieser Stadt, die als zügellos und verrucht gelten – welche Kriterien man da auch anlegen mag. Damit meine ich nicht mal Etablissements, an deren Eingang »Rosis Lustgrotte« steht. In Locations wie dem »Berghain« oder der »Wilden Renate« werden mit dem größten Selbstverständnis Sexpartys gefeiert, deren Teilnehmer nicht in Sodom oder Gomorrha, sondern in Charlottenburg oder Fried-

richshain wohnen und tagsüber im Bio-Supermarkt arbeiten oder zur Uni gehen. Dieser erotische Trend hat sich in der Hauptstadt etabliert, ist so neu aber dann auch nicht.

1871 gab es beispielsweise im feinen Jagdschloss Grunewald eine legendäre Orgie, an der zahlreiche Adlige teilnahmen, darunter fünfzehn namhafte Mitglieder des kaiserlichen Hofes. Nachdem historische Briefe auftauchten, wurden pikante Details bekannt, auf die ich an dieser Stelle unmöglich eingehen möchte. Aber Sie können dort ja auch bei einem Spaziergang um den Grunewaldsee vorbeischauen. Das Areal kann von verschiedenen Seiten aus erreicht werden, die Tour ist zu allen Jahreszeiten gleichermaßen reizvoll und bei Hundebesitzern beliebt, da das Gelände zu den wenigen Gebieten gehört, in denen kein Leinenzwang herrscht (das mag bei historischen Bondage-Partys anders gewesen sein). Und ja, Sie werden dieses legendäre Renaissance-Schlösschen, von dem eben die Rede war, durchqueren. Es wurde 1542 erbaut und gilt damit als der älteste noch erhaltene Schlossbau Berlins. Im Schlosscafé können Sie ein Stück Kuchen essen, Kaffee trinken und sich im Nachhinein wundern, nicht über das rumpelige historische Kopfsteinpflaster gestolpert zu sein, das den Schlosshof ziert.

An Herbst- oder Wintertagen empfehle ich Ihnen, noch ein Stückchen weiterzugehen durch den Grunewald, auf direktem Wege ins »Chalet Suisse«, das bislang übrigens nie mit unzüchtigen Geschichten in Verbindung stand.

Einst gegründet vom Küchenchef des Bundespräsidenten Lübke, steht hier, mitten im Wald, ein typisches Schweizer Gasthaus mit riesigem Biergarten und einem großen Spielplatz. Der kulinarische Schwerpunkt liegt, das wird bei diesem Namen niemanden verwundern, auf der Schweizer Küche. Der helvetische Küchenchef beherrscht natürlich die Klaviatur diverser Rösti-Spezialitäten, er weiß, wie Zürcher Geschnetzeltes schmecken muss. Und weil zum Restaurant ein eigener Räucherofen gehört, wird hier der Lachs nach eigenem Rezept zubereitet. Kenner greifen zu einem besonderen Allgäuer Bier oder, je nach Jahreszeit, zu einem Glas Streuobst-Cidre. Bei den Produkten wird auf Bio-Qualität gesetzt, das Fleisch von Neuland bezogen.

Fragen Sie nach den zahlreichen Käsespezialitäten. Wenn das Kaminholz knistert und eine anständige Portion Raclette oder Käsefondue vor einem steht, dann kann ein Tag, der wackelig begann, doch noch zu einem Geschenk des Himmels werden.

24

BUSSE 101 / X 83 KÖNIGIN-LUISE-PLATZ / BOTANISCHER GARTEN, BUS M 48 BOTANISCHER GARTEN

Dieser Trip ist absolut organisch

BOTANISCHER GARTEN UND BOTANISCHES MUSEUM
KÖNIGIN-LUISE-STRASSE 6-8
14195 BERLIN
TEL. 030 838 50 100
TÄGLICH 9-19 / 20
ABWEICHENDE ÖFFNUNGSZEITEN UNTER WWW.BGBM.ORG

Mein erster richtiger Freund war ein bisschen komisch. Manchmal schien es einen Wackelkontakt in seinem Kopf zu geben, dann verfielen er und sein Kumpel in existentialistisches Getue, dann lasen, rauchten und debattierten sie nächtelang und fuhren sich mit großer Geste durchs Haar, wenn sich ihr Antlitz in einer Fensterscheibe spiegelte. Sie fühlten sich wie französische Existentialisten und sobald sich eine Gelegenheit ergab, experimentierten sie mit psychoaktiven Substanzen. Eines Nachts kletterten beide über die Mauer des Botanischen Gartens und erbeuteten ein paar Stechapfel-Pflanzen. Dieses Nachtschattengewächs ist giftig, kann nur

schwer dosiert werden und wirkt in der Regel stark halluzinogen. Wer nicht tot umfällt, der landet im ungünstigen Fall auf einem Horrortrip. Genau das passierte mit den Jungs. Der Freund meines Freundes lief nach Hause, hinterließ ein paar Fäkalien auf der Fußmatte, schnappte sich ein Messer und hielt den Familienhund für einige Stunden in seiner Gewalt, bis die Wirkung langsam abnahm, er umkippte und bis zum übernächsten Morgen durchschlief.

Nun gehe ich davon aus, dass 99,9 % aller Besucher mit hehren und harmlosen Absichten kommen, wenn sie sich den Botanischen Garten in Berlin ansehen. Über die Sommerzeit müssen wir nicht lange reden: Alles blüht in tausend Farben, es summt, flattert und duftet, und man möchte heimlich ein kleines Zelt in Tarnfarben aufstellen, um einmal hier aufwachen zu dürfen. Wer schlau ist, kommt gleich morgens um 9 und lässt sich erst abends spät wieder rauswerfen. Aber auch im Herbst und Winter lohnt sich ein Besuch. »Nicht immer blüht alles, aber immer blüht etwas« heißt es auf der Website. Zum Beispiel der Winterling, irgendwo muss der Name ja herkommen, die Christrose, die Mistel oder das Amur-Adonisröschen, das wegen seines Doppelnamens von den anderen Pflanzen stets ein bisschen geneckt wird. Diese Namens-Hänseleien kennt der Sumpfporst nur zu gut, aber weil er so ein fescher Kerl ist (leider auch stark gefährdet), prallt das alles an ihm ab. Wie im Winter übrigens auch der Schnee, weil die schlaue Pflanze ihre immergrünen Blätter herunterhängen lässt. Eine gute Idee. Man kann hier überhaupt viel lernen und entdecken. Unter den zahlreichen Gärten gibt es einen Duft- und Tastgarten, Führungen, Veranstaltungen (z.B. die Tropischen Nächte mit Cocktails und Live-Musik) und – neben anderen Gewächshäusern – das faszinierende Große Tropenhaus, in dem selbst Nihilisten oder Atheisten wenigstens zeitweilig ihre Überzeugungen einer Prüfung unterziehen müssen. Zudem werden hier Kakteen präsentiert, die man in keinem Berliner Treppenhaus und in keinem alten amerikanischen Sonntagnachmittags-Western je zu sehen bekam. Die größten Exemplare der Kaktus-Stacheln hat man übrigens früher als Grammophon-Nadeln verwendet. Vorbei die Zeit. Heute könnte man sie vorsichtig in die Wand schlagen und eine Tüte mit USB-Sticks daran aufhängen.

25

BUSSE 118 / 316 / 318 RATHAUS WANNSEE

Kunst, Kaffee und Kultur

MUTTER FOURAGE AM WANNSEE
GALERIE MUTTER FOURAGE
CHAUSSEESTRASSE 15
14109 BERLIN
TEL. 030 805 2311
ÖFFNUNGSZEITEN NACH JAHRESZEIT,
GANZJÄHRIG AM WOCHENENDE GEÖFFNET.
WWW.MUTTER-FOURAGE.DE

Meine Tante besitzt einen Kamin, den sie nie befeuert (»macht zu viel Schmutz«), Lucia bindet ihre langen, glänzenden Haare für gewöhnlich zu einem Knoten (»nerven mich sonst«), Miranda lebt auf Mallorca, fuhr aber über viele Jahre nie ans Meer (»keine Zeit«). Wie es so ist: In den Augen anderer wertschätzen wir Dinge oft nicht, um die man uns beneidet. »Du hast es gut«, sagte ein Freund zu mir, der mich in Berlin besuchte, »Du hast den Wannsee in deiner Stadt. Hier bist du oft, oder?« Er irrte. Und ich wunderte mich sofort selbst darüber. Dabei brauche ich für den Weg ungefähr 25 Minuten, und jedes Mal, wenn das Wasser durch die Bäume hervorblitzt, wenn

ich sehe, wie malerisch hier die kleinen und großen Boote vertäut am Ufer liegen oder übers Wasser gleiten, empfinde ich es doch wie Urlaub. Nach einem langen Spaziergang setzten wir uns auf einen der Stege, hielten die Füße ins klare Wasser, aßen ein Eis und schnurrten wie zufriedene Kätzchen. Das war der Tag, an dem ich, ein bisschen ab vom See, »Mutter Fourage« entdeckte. Eine Klapptafel auf dem Bürgersteig lud dazu ein, den Hof eines alten, kleinen Hauses zu betreten.

Der Weg führte vorbei an zahllosen Blumentöpfen, es duftete nach Lavendel und Kamille, durch die Luft schwirrten Hummeln.

Im vorderen Bereich des Areals werden Pflanzen und Kräuter verkauft. Der Innenhof ist von ehemaligen Ställen, kleinen Häuschen und einer Scheune umgeben. Die Gegend diente ab 1863 den reichen und einflussreichen Menschen der Hauptstadt als Sommerfrische. Peu à peu entstand in dem Dorf, das damals noch Stolpe hieß, die Infrastruktur der »Colonie Alsen«, eine großbürgerliche Idealstadt mit Wasser- und Elektrizitätswerk, Läden und mehreren Gasthöfen für die Kolonialisten. Der Mann, dem die Geschichte des Ortes quasi in die Wiege gelegt wurde, heißt Wolfgang Immenhausen. Hier, auf dem Hof seiner Vorfahren, wurde um 1900 eine

Mehl-, Fourage- und Kartoffelhandlung gegründet. Damals nutzte man die Gebäude noch als Pferdestall, Getreide- und Mehlkammer, die Scheune als Wagen-Schuppen, es gab das Kontor und ein Wohnhaus. Immenhausen, Schauspieler, Galerist und Verleger, gehört zu den wenigen Menschen, die in der dritten Generation in Wannsee leben. Gemeinsam mit Freunden verhinderte er 1978 die Umnutzung oder gar den Abriss des alten Hofes. Ein neues Konzept musste her, Nachhaltigkeit und Kultur lauteten die Schlagworte. Hier wollten sie wohnen, an das Alte anknüpfen und Neues schaffen. Es gelang. Zuerst wurde ein Naturkostladen gegründet, »in dem ordentliche biologische Sachen verkauft wurden. Gab's damals kaum, eigentlich gar nicht. Hier wird bis heute nicht mit Gift gegärtnert«, sagt Immenhausen. Der Pflanzenhandel kam hinzu, eine charmante Galerie mit wechselnden Ausstellungen, die Kulturscheune für Konzerte, Lesungen und Theateraufführungen und schließlich das Hofcafé mit selbstgemachten Kuchen und Speisen. Nehmen Sie Platz, entspannen Sie. Unter Umständen kommt Ihnen ja hier der zündende Gedanke, wie Sie an genug Geld kommen, um sich am Seeufer eine kleine Hütte mit Kamin zu bauen. Aber bitte nutzen Sie ihn auch.

Charlottenburg, Wilmersdorf

26

U 2 ERNST-REUTER-PLATZ

Öffentliche Kantine über den Dächern der Stadt

SKYLINE
KANTINE AM TELEFUNKEN-HOCHHAUS
ERNST-REUTER-PLATZ 7
10587 BERLIN
TEL. 030 939 397 780
MO - FR 7.30-16
IN DEN SEMESTERFERIEN 7.30-15

Ergriffenheit. Dieses Wort liegt leider so weit hinten im Schrank, dass man es fast vergisst. Eine besondere Liebeserklärung oder eine Trauerrede können dieses Gefühl erzeugen. Musik, der Blick auf Berge, auf Feuer oder auf das Meer. Manchmal entsteht es durch Weite, manchmal durch Aussicht. Wer von einem Berg das darunter liegende Panorama betrachtet, der wird sich im besten Falle demütig und zufrieden der Dimension bewusst, die das eigene Dasein einnimmt, weil er ganz sanft auf so beeindruckende Weise von der Realität zurechtgewiesen wird. Mit den Worten Reinhard Meys ist dann das, was groß und wichtig erscheint, plötzlich nichtig und klein.

Ich stehe so gut wie nie auf Bergen. Ich stand auch noch nie auf einem Leuchtturm oder einer Bohrinsel, und ich wohne immer in einem der unteren Stockwerke, nie im Dachgeschoss. Die Nähe zum Boden erscheint mir angenehmer als der Blick von oben. Als ich vor ein paar Jahren mit einem Kamerateam in den 20. Stock des Telefunken-Hochhauses fuhr, habe ich natürlich einen beeindruckenden Ausblick erwartet, Berlin von oben. Ich hatte einen Interview-Termin in der Cafeteria der TU, die passenderweise »Skyline« heißt und jedem Besucher, nicht nur Studierenden, offen steht. Ich betrat den Raum, ging zur verglasten Front und sah meine bis an den Horizont reichende Stadt von oben. Augenblicklich war es um mich geschehen. Wenn Menschen im Film unter Schock stehen, wird das oft dadurch illustriert, dass alles andere in den Hintergrund gerät, unscharf wird oder verschwindet. Genau so erinnere ich mich an diesen Moment: Ich stand unter Schock, ich fühlte mich ergriffen und berauscht. Der Tag war sonnig, der Himmel wolkenlos, die Farben brillant und der Blick in alle Richtungen so weit. Der große Ernst-Reuter-Platz, ein Kreisel, einer der zentralen Verteilerköpfe mit seinen fünf Ausfahrten, direkt unter mir, war nur ein kleiner Kreis, den ein Finger in den Sand gemalt haben könnte. All die Dächer, Kräne und Kirchtürme, all die unterschiedlichen Baustile, vom Boden aus betrachtet oft in Konkurrenz zueinander, hier in friedlicher Koexistenz. Ein Gast, so sagte mir einer der Betreiber vom Studierendenwerk, hätte den Blick von hier oben mal als »architektonisches Gulasch« bezeichnet. Selbst der Prinz von Dänemark war schon einmal hier, »Fantastik udsigt«, wird er sich gedacht haben, fantastische Aussicht. Vielleicht hat er Schupfnudeln gegessen, Spätzle, Maultaschen oder Gnocchi. Die Mehlspeisen sind hier nämlich der Hit, auch wenn das tagesaktuelle Angebot – täglich frisch in einer ziemlich kleinen Küche zubereitet – überschaubar ist: Eine vegetarische Suppe gibt es, ein vegetarisches und ein Fleischgericht, Salate, Dessert und natürlich Kaffee. Ist ja schließlich eine Cafeteria. Aber eigentlich ist es egal, was man hier zu sich nimmt: Es ist wunderbar, so nah am Himmel. Und sollten Sie jemals mit Berlin im Clinch liegen – dies ist der Platz, um sich schnell wieder mit dem Trubel da unten zu versöhnen.

27

S-/U-BAHNHOF ZOOLOGISCHER GARTEN

Kleiner Jazz-Club mit großartigen Jam-Sessions

THE HAT BAR
LOTTE-LENYA-BOGEN 550
10623 BERLIN
TÄGLICH 20-2
WWW.THEHATBAR.DE

Anfang der Neunziger verbrachte ich sechs Wochen in San Francisco. Damals musste ich in Windeseile an meinem Englisch feilen, denn ich hatte die Zusage für ein Fernseh-Interview mit Jon Bon Jovi, ich durfte mich keinesfalls blamieren und buchte schnell einen Sprachkurs. Da war ich nun, absolvierte drei Stunden Unterricht täglich und fand aber darüber hinaus zum ersten Mal in meinem Leben keinen Anschluss. Ich spazierte durch die Gegend, fuhr Straßenbahn, las die Veranstaltungstipps, war emsig und bemüht – ohne Erfolg. Wie unter einer Tarnkappe stand oder saß ich in Cafés, Restaurants, Kinos, ging auf Märkte und in Bars. Niemand ließ sich

auf ein längeres Gespräch ein, nichts. Einmal rempelte ich absichtlich jemanden an, nur um zu überprüfen, ob ich versehentlich unsichtbar geworden war. Mein Englisch wurde besser, meine Laune schlechter, und so setzte ich mich eines Abends in den kleinen Jazz-Club in der Nähe meines Hotels, mit dem festen Willen, am nächsten Morgen meinen Rückflug vorzuverlegen. An der Bar kam ich plötzlich mit einer Frau ins Gespräch, erst zögerlich, dann redeten wir in hohem Tempo aufeinander ein, es war interessant und lustig, sie stellte mich ihren Freunden vor und endlich war der Bann gebrochen. Als ein frenetischer, nicht enden wollender Applaus einsetzte, wurde mir bewusst, dass die Musik komplett an mir vorbeigegangen war. Später erfuhr ich, dass es sich um ein geheimes Club-Konzert eines Weltklasse-Jazzmusikers gehandelt hatte. Ärgerlich! Ich beschloss, die verbleibenden Abende in San Francisco in diesem Jazz-Club zu verbringen und lernte dort, quasi auf den letzten Metern, wunderbare Menschen kennen, mit denen ich gerne auch schon die ersten Wochen meines Aufenthaltes verbracht hätte. Jazz-Clubs mit Live-Musik sind wundersame Biotope, in denen einem die unterschiedlichsten Pflanzen begegnen. Dort ist es immer zwei Uhr morgens, auch schon abends um acht. Die Fenster sind abge-

hängt oder zugemauert, dezente Spots betonen Bars und Bühnen, Eiswürfel glitzern, Köpfe nicken im Takt, Augen schließen sich, Hände zupfen unsichtbare Bass-Saiten, müssen sich bewegen, klatschen, schnipsen oder zärtlich eine Air-Snare-Drum bedienen.
Glückliches Berlin, Stadt der vielen Jazz-Clubs. Mit einem Besuch bei den etablierten Big Playern kann man nichts falsch machen (A-Trane, B-Flat, Quasimodo, Zigzag-Club, Yorkschlösschen), aber natürlich gibt es in Berlin auch kleinere, nicht weniger ambitionierte Perlen. Mein momentaner Favorit ist »The Hat«, untergebracht in einem S-Bahn-Bogen, lang, schmal und nicht besonders groß. Dieser Platz will und muss sich nicht entscheiden, ob er nun eine gut sortierte Bar mit allabendlich wechselnder Live-Musik oder doch ein Jazz-Club mit qualitativ hochwertigen Cocktails ist. Abend für Abend jammen hier nationale und internationale Musiker, einige von ihnen sind bekannt, andere könnten es werden. Das Ambiente entspricht im positiven Sinne den Erwartungen, die man an eine Jazz-Bar richten kann, der Eintritt ist frei, und die Bartender sind freundlich und äußerst professionell.
Die Bühne, auf der sich die Jam Sessions abspielen, ist dabei nicht größer als drei nebeneinanderliegende, aufgeklappte Kontrabass-Koffer. Einer 2010 veröffentlichten Studie ist zu entnehmen, dass 86 % aller Jazzmusiker rauchen. Und auch hier darf ab 22 Uhr, wenn die Musik beginnt, geraucht werden, was durch eine gute Belüftungsanlage kompensiert wird.

28

U 2 SOPHIE-CHARLOTTE-PLATZ

Grünblaues Refugium zwischen Häusern und Straßen

LIETZENSEE
WUNDTSTRASSE 40
14057 BERLIN

Mit einem Hund macht das Leben mehr Spaß. Und egal, ob er lässig ist oder temperamentvoll, groß oder klein – wer sein Tier liebt und einigermaßen gut erzogen hat, kann auch in einer großen Stadt wie Berlin eine wundervolle Zeit mit ihm verbringen. Hundebesitzer sagen Dinge wie »Schau, wie süß er da liegt« und »Dieses Tier ist wahnsinnig schlau«. Ihre meist blinde und in der Regel bedingungslose Liebe hält allen Situationen stand. Oder fast allen.

Denn wenn sich Wuffi, Schmurzel oder Schnipsi unbeobachtet in einem Tierkadaver wälzen, wird diese tiefe Zuneigung auf eine harte Probe gestellt. In zehn Jahren kam es bei meinem Hund

Elli dreimal zu Aas-Wälzereien, mit dieser Statistik kann ich leben und ganz arglos durch die Weiten dieser Welt spazieren. Zum Beispiel am Lietzensee entlang, einem Refugium mitten in der Stadt, durchschnitten von der stark befahrenen Kantstraße. In naher Ferne brummt das konstante, aber ruhige Rauschen der Stadtautobahn wie ein leiser Föhn im Nebenzimmer, und eigentlich ist in dieser Charlottenburger Gegend alles voller Häuser und Straßen, aber mittenmang tut sich plötzlich ein über sechs Hektar großes Fleckchen auf, das von Wasser bedeckt und von melancholischen Trauerweiden und einem kleinen Park gerahmt wird.

Niemand ist hier jemals der einzige Spaziergänger, aber diesen Ort teilt man sich gerne mit anderen, setzt sich auf eine Wiese oder in eines der angrenzenden Cafés und schaut auf das ruhige, smaragdgrüne Wasser.

Es war einer dieser Walt-Disney-Tage mitten im Sommer, ich schlenderte am Ufer entlang, fotografierte einen dösenden Fischreiher, Schmetterlinge zappelten wie bunte Papierservietten durch die warme Luft. Gerne wäre ich länger geblieben, musste aber los, um eine Sendung aufzuzeichnen. Ich ging zum Auto und rief den Hund. Aus einer Entfernung von zehn Metern wehte mir ein beißender Geruch entgegen. Auf sieben Meter Entfernung entglitt mir die Kontrolle über mein Gesicht, bei fünf Metern beugte ich meinen Oberkörper reflexhaft mit zusammengekniffenen Augen vor und versuchte, meinen Würgereiz zu unterdrücken, was nur knapp gelang. Mein Hund hatte sich in einem längst verendeten, vom Wasser des Lietzensees ans Ufer gespuckten Karpfen gerieben. Es stank bestialisch. Ich holte mein Shirt aus der Tasche, band es mir eng um Nase und Mund, hob den Hund mit spitzen Fingern auf die Rücksitzbank, band Elli mit einem Abschleppseil am Türgriff fest, kurbelte alle Fenster bis zum Anschlag herunter und fuhr mit konsequentem Durchzug quasi maskiert zur Arbeit. Ich weinte ein bisschen, es waren Tränen schierer Verzweiflung, gepaart mit kolossalem Ekel. Ja, man liebt seinen Hund, bedingungslos, aber in sehr wenigen Minuten dann auch nicht.

Im Sender suchte ich mir einen Waschraum im Souterrain, setzte das arme, stinkende Tier in ein Waschbecken und massierte unter laufendem Wasser einen halben Liter rosafarbene Flüssigseife auf sein Fell, sodass die gröbsten Spuren eines toten Karpfens als pinker Schaum durch den Abfluss verschwanden.

Dem Lietzensee kann ich diese Episode nicht verübeln, dazu ist es dort einfach zu schön.

29

U 2 ERNST-REUTER-PLATZ

Der wahrscheinlich beste Kaffee der Stadt

Ein heller Sommertag. Vor der Giro Coffee Bar waren fast alle Plätze belegt.

Ich fand einen letzten freien Stuhl und setzte mich an den Tisch eines sehr attraktiven Paares. Die zwei redeten nicht viel miteinander, genau genommen tauschten sie kein einziges Wort, schienen in ihre Zeitungen versunken. Nach ein paar Minuten sprach mich die Frau an. Wir würden uns von Sat1 kennen, ob ich mich erinnern könnte. »O weh«, sagte ich, »es tut mir leid.« »Ich bin Jana.« Ich sagte »natürlich!« und streckte meine Hand auch ihrem Freund zum Kennenlernen entgegen, »ich bin Betty«. »Hi«, sagte er, »ich heiße Moritz.« Dann schüttelte Mo-

GIRO COFFEE BAR
KNESEBECKSTRASSE 5
10623 BERLIN
TEL. 030 679 68 474
MO - FR 8-19, SA 9-18
WWW. GIROCOFFEEBAR.DE

ritz Janas Hand. Ach so, die beiden kannten sich gar nicht. Wir kamen ins Gespräch, unterhielten uns zu dritt über dies und das, Jana fragte Moritz, womit er denn gerade beschäftigt sei, och, er hätte just ein Buch fertig geschrieben, das würde bald rauskommen, und ich dachte: So ein sympathischer, eloquenter Typ, den kann ich doch mal in die Hörbar einladen, dann werden ein paar mehr Leute aufmerksam, man sollte junge Autoren doch unterstützen. Nun, die Idee fand er gut, allerdings hätte er momentan nicht viel Zeit. Ich bat um seine Telefonnummer und versprach, ihn durch meine Redakteurin einladen zu lassen. Zu Hause gab ich seinen Namen in die Suchmaschine ein. Ach herrje. Der Mann war Moritz Rinke, einer der erfolgreichsten Autoren und Dramatiker des Landes. In die Sendung kam er dann trotzdem.

Im Grunde ist dieses lange Intro nur ein weiterer Beleg für die Tatsache, dass mir so ziemlich jeder Besuch im Café Giro in Erinnerung bleibt. Was an der Atmosphäre liegt, am Kaffee und an der Mischung der Gäste, die ganz klar auf die beiden Betreiber zurückzuführen ist. Ralf Weber, Werbefilmproduzent, und Igor Paasch, der Besitzer. Igor/Giro? Richtig, dieses Anagramm entstand nicht zufällig. Der Mann spielt mit Buchstaben und Worten, aber auch mit

Videos, Farben und Leinwänden. Igor, gebürtiger Charlottenburger, Künstler, ist ein genauer Beobachter mit wachem Geist, schnell, kritisch und humorvoll, was sich auch in seinen Werken spiegelt. Eine Zeitlang studierte er in London, wo die »Bar Italia« im Stadtteil Soho zu seinem Wohnzimmer wurde. Und hier machte er die Erfahrung, dass er sich an einem öffentlichen Platz derart wohl fühlen konnte, »mit dem entspannten Gefühl einer gewissen Beiläufigkeit«.

Nun ist Berlin nicht London und Charlottenburg nicht Soho, aber als ihn die Sehnsucht nach einem solchen Ort auch Jahre später nicht losließ, entschloss er sich 2011, diesen Platz selbst zu erschaffen. Mit seinem Freund Ralf verwandelte er einen – für Berliner Verhältnisse eher kleinen – Raum in eine familiäre Coffee Bar, in der sich tagsüber Mitarbeiter und Studenten der Technischen Universität und der Universität der Künste tummeln, Akademiker, Kiez-Nachbarn, Flaneure und auch die Putzleute aus dem Hotel nebenan.

An den Wänden hängen ein paar von Igors Arbeiten. Wem der Magen knurrt, der freut sich auf mit Liebe zubereitete Sandwiches und Suppen, auf knusprige Croissants und Pasteis de Nata zu einem exzellenten Kaffee. Habe ich schon erwähnt, dass es sich lohnen kann, mit den Leuten dort ins Gespräch zu kommen?

30

U1 UHLANDSTRASSE

Schöne Villa mit Hang zum Feuilleton

LITERATURHAUS BERLIN
FASANENSTRASSE 23
10719 BERLIN
TEL. 030 887 2860
WWW.LITERATURHAUS-BERLIN.DE

CAFÉ-RESTAURANT »WINTERGARTEN«
TÄGLICH 9-24

BUCHHANDLUNG
MO - FR 10.30-19.30

Es gibt Menschen, die überall lesen können. Papier, eBook, hell, dunkel, Musik oder Gespräche im Hintergrund – spielt keine Rolle. Andere brauchen unbedingt Ruhe, fokussiertes Licht, Beine hoch, weicher Sitz, harte Lehne oder umgekehrt. Natürlich soll die Konzentration auf und die Beschäftigung mit Literatur überall ihren Platz finden, in einem Zelt oder Fahrstuhl, auf Berghütten, sicherlich auch in einer Tiefgarage oder gerade dort, wenn man plötzlich feststellt, dass sich die Ausfahrt-Schranke erst am nächsten Morgen wieder öffnen wird, nämlich dann, wenn sich der Pförtner gegen 6 Uhr in sein kleines Aquarium setzt. Menschen, die sich

über das bloße Lesen hinaus für Literatur interessieren, die Lesungen, Buchpräsentationen, Diskussionen oder Symposien beiwohnen möchten, für die gibt es – erstaunlicherweise erst seit Mitte der achtziger Jahre – in Berlin, Frankfurt am Main, München und Hamburg Literaturhäuser, durchweg in imposanten Gebäuden untergebracht.
Ich stieß eher zufällig darauf, als ich mich vor vielen Jahren vorm Käthe-Kollwitz-Museum verabredete, das sich genau neben dem Berliner Literaturhaus in der Fasanenstraße befindet. Wie Florenz sieht es hier aus, dachte ich, ohne jemals in Florenz gewesen zu sein, sicherlich war das dem historistischen Bau geschuldet, was ich natürlich nachschlagen musste. Um es stümperhaft und vereinfacht für alle Nichtwissenden zu erklären: Der Historismus ist eine Stilrichtung, die sich in der Vergangenheit vergangener Epochen bediente. Also im Grunde eine historische Retro-Baukunst, war doch damals schon gut, funktioniert bestimmt noch mal, Neo-Klassizismus, Neo-Barock. Dieses stolze Gebäude in einem Seitenarm des Ku'damms nun, erbaut 1889, wurde eine Zeitlang als Diskothek und Bordell genutzt (sträflich) und wäre um ein Haar zugunsten eines Autobahnzubringers (weitaus sträflicher) abgerissen worden. Falls Sie überlegen, ob Bürgerinitia-

tiven zu Veränderungen führen: ja. Sie retten Häuser wie dieses, in dem auch ein Restaurant untergebracht ist, zu dem ein großer Garten gehört. In dieser öffentlichen, aber doch ein bisschen versteckten Oase sitzen täglich viele Menschen und verbringen ihre Zeit damit, die internationale Presse zu studieren, Bücher zu lesen oder zu essen. Andere überspringen das Kulinarische und gehen gleich ins Literaturhaus, um ihre Gehirne zu füttern. Eines ist dieser Ort nicht: ein Haus für populäre Literatur. Das ist durchaus gewollt. Die Leitung des Hauses setzt auf ein großstädtisches, offenes Publikum, das sich auf Autorinnen und Autoren einlässt, die es nicht so leicht haben, in der Öffentlichkeit besprochen zu werden. Von deutschen, aber auch übersetzten Romanen und Erzählungen bis hin zu Biografien und neuen Werkausgaben umfasst das Programm ein breites Spektrum, die wechselnden Ausstellungen wie auch die Abfolge der Veranstaltungen sind der Website zu entnehmen.

Wer nur auf ein Frühstück vorbeischauen möchte, der sollte sich zumindest das wundervoll restaurierte Treppenhaus ansehen und letztlich vielleicht doch im Ausstellungsbereich oder in der Buchhandlung Kohlhaas & Company landen. Und egal, wie Sie im Literaturhaus letztlich Ihre Zeit verbringen: Kein Autobahnzubringer der Welt würde Ihnen so eindringlich in Erinnerung bleiben.

Wedding

31

U 6 / S 41 / S 42 WEDDING, BUSSE 247 UND M 27 NETTELBECKPLATZ / WEDDING

Galerie-Bar mit Dancefloor

ANITA BERBER
GERICHTSTRASSE 23
ODER PANKSTRASSE 17
13347 BERLIN

Die Tänzerin, Schauspielerin und Selbstdarstellerin Anita Berber kam an einem warmen Junitag im Jahre 1899 in Leipzig zur Welt. Wie ein Überschallflugzeug muss sie durch die Köpfe und Herzen anderer Menschen gerauscht sein, Turbulenz und Vehemenz in Person, Verheißung und Albtraum. So ein Leben währt keine 70 Jahre, es fand sein Ende bereits 1928 in Berlin. Auf den Berliner Bühnen war die Berber ein Star. Als eine der ersten Frauen trug sie einen Smoking, viele ihrer Auftritte absolvierte sie nackt, sie nahm Morphin und Kokain, prügelte sich, galt als hemmungs- und maßlos (eine Flasche Cognac pro Tag, das muss man erst mal schaf-

fen), trat in zwei Dutzend Filmen auf und nahm auch in sexueller Hinsicht mit, was kam. Otto Dix malte sie in einem roten, engen Kleid vor rotem Hintergrund, blass, alt (zu betrachten im Kunstmuseum Stuttgart). Eine Zukunftsvision, zu der es nie kommen sollte, denn als sich das Leben dieser jüngeren Bohemienne dem Ende zuneigte, geschah dies auf eine für damalige Zeiten »angemessene« Art und Weise: durch Tuberkulose.

Es kann wohl kaum eine geeignetere Namens- und Schutzpatronin geben für einen Ort, an dem das Feiern, Tanzen und Trinken kultiviert werden soll. Das jedenfalls muss sich Tom Clark gedacht haben, als er im September 2013 seine Galerie-Bar gleichen Namens eröffnete, die auf zwei Wegen erreichbar ist: über den langen Hof vom »Lebenshaus Mitte« und von der Pankstraße aus. Hier durchquert man einen Mini-Park am Flüsschen Panke, geht staunend durch einen kurzen, graffitiprallen S-Bahn-Tunnel und steht auch fast schon davor. Clark hat hier eine charismatische Club-Bar erschaffen, die es dem Gast leichtmacht, sich augenblicklich wohl zu fühlen. Die dezente Bühne fällt auf, die Bilder, der geräumige Bartresen, in der Mitte genügend Platz – für was auch immer, denn eine Bar allein ist das Anita Berber eben auch nicht. Lesungen werden hier abgehalten, Gigs, Tanzabende (»sehr gute Anlage«, sagte einer, der's wissen muss), Burlesque-Shows. Hier ist vieles mit Liebe und Fingerspitzengefühl entstanden: Man merkt es am Lichtkonzept, an der Qualität der Drinks, am freundlichen Personal.

Die Veranstaltungen finden meist unter der Woche statt; das Programm ist der Facebook-Seite zu entnehmen. Von Freitag bis Sonntag herrscht hier in der Regel ab 23 Uhr normaler Barbetrieb, es gibt DJs, die Leute tanzen. Besitzer Tom Clark ist selbst eine Größe in der Elektronik-Szene. Der Westberliner legt seit fünfundzwanzig Jahren auf und dass er zum Gastronom wurde, ist allein der Sehnsucht geschuldet, einen Platz wie diesen nirgends in der Stadt gefunden zu haben.

Tom, ich komme später noch mal wieder, rufe ich ihm zu, wann ist denn hier so Schluss? Och, das geht bis in die Puppen, sagt er. Wird es hell sein?, frage ich. Tom lacht kurz. Um sechs oder sieben? Definitiv.

32

BUS M 27 BRUNNENPLATZ, U 8 PANKSTRASSE, U 9 NAUENER PLATZ

Einer der außergewöhnlichsten Plätze der Stadt

PIANOSALON CHRISTOPHORI
UFERHALLEN
UFERSTRASSE 8
13357 BERLIN
WWW.KONZERTFLUEGEL.COM

Zu den eindrucksvollsten Dingen, die ich aus meiner Schulzeit mitnehme, gehört die Erinnerung an ein abgedunkeltes Klassenzimmer, in dem wir den Schwarzweißfilm *Der Herr der Fliegen* sahen. Nie werde ich auch den Chemiesaal und das flüssige Lila vergessen, das entsteht, wenn Kaliumpermanganat in ein Gefäß mit Wasser fällt. Oder die Biologiestunde, in der wir durch Konrad Lorenz, seine Gummistiefel und eine schnatternde Gruppe kleiner Wildgänse so viel über Konditionierung lernten. Und die Konzerte, die es hin und wieder in der Aula gab. Dann wurde der Konzertflügel aufs Podium geschoben, eine asiatisch aussehende Frau

schob sich den Hocker zurecht, zuppelte an ihrem Kleid herum, setzte sich und legte los. Ich weiß nicht viel über klassische Musik. Wenn ich das Wort »Fuge« höre, denke ich erst mal an die Fliesen in meinem Badezimmer. Das ist mein Hochkulturdefizit-Kainsmal, aber ich habe gelernt, es nicht mehr zu überschminken. Schließlich kommt die Botschaft ja trotzdem an, das Emotionale, das Meisterhafte. Die Intensität bestimmter klassischer Musik erreicht mich immer wieder, und so konnte ich mich vor einigen Jahren auch sofort auf den Vorschlag eines Freundes einlassen, ihn zu einem Konzert in den Pianosalon zu begleiten. Ich erwartete dunkles Holz, alte Kassettenwände und schweren Samt, am ehesten in Charlottenburg. Unser Ziel aber lautete »Uferhallen, Wedding, Ortsteil Gesundbrunnen«, ein Name, der irreführenderweise nach klarem Quellwasser und gestärkter Leinenbettwäsche klingt. Die Realität ist sehr viel rauer. Wir standen auf dem Gelände der ehemaligen Zentralwerkstätten der BVG, eine flackernde Straßenlaterne schickte ihr nervöses Licht zwischen Asphalt und Sperrmüll hin und her und ein kräftiger Schneeschauer trieb uns in eine loftartige Halle mit einer unvergleichlichen Atmosphäre, gefüllt mit Besuchern jedweden Alters. Zwischen zahlreichen Bildern hingen und hängen historische

Instrumente an den Wänden. Fotos und Skulpturen werden von Wohnzimmerlampen beleuchtet, die Sitzreihen bestehen aus insgesamt 200 Stühlen, gespendet und zusammengetragen in allen erdenklichen Farben, auf der kleinen Bühne stehen ein oder zwei der Flügel, mit denen alles anfing. Christoph Schreiber, damals Medizinstudent, begann vor vielen Jahren mit dem Restaurieren und Sammeln historischer Konzertflügel. Als es mehr wurden, musste er Räume anmieten, um die Instrumente unterstellen zu können. Inzwischen arbeitete der Flügelfreund und Familienvater als Neurologe im Unfallkrankenhaus Marzahn. Diese Arbeit war sinnstiftend und zeitraubend, aber eines Tages beschloss Schreiber, seiner großen Leidenschaft für Kammermusik nachzugehen und Konzertreihen zu veranstalten, auf denen seine einmaligen Schätze zum Einsatz kommen sollten. Seither gibt es den Pianosalon Christophori, seither schenkt Schreiber der Kammermusik jede zweite Woche seines Lebens, die restliche Zeit gehört der Neurologie. Das ist die eingedampfte Version vom Entstehen einer kulturellen Institution, die in Deutschland, wahrscheinlich sogar global gesehen, einmalig ist. Schreiber gelingt es beständig, internationale Weltstars der klassischen Musik in den Wedding zu holen und Konzerte zu veranstalten, die so nur in der Philharmonie stattfänden. Rund 180 musikalische Abende gibt es im Jahr, die Eintrittspreise sind für jeden erschwinglich und an manchen Abenden sogar auf freiwilliger Basis zu entrichten. Wenn es gut läuft, kann Schreiber die anfallenden Betriebskosten durch Eintrittsgelder begleichen und den Künstlern ein Mini-Honorar zahlen, das am ehesten einer Aufwandsentschädigung gleichkommt. Das Reservierungssystem via Website ist fair und unbürokratisch.

Der Pianosalon bereichert die Stadt auf ganz ungewöhnliche Weise. Und nicht wenige Menschen sind zutiefst beunruhigt, weil der denkmalgeschützte Gebäudekomplex der Uferhallen – auf dem sich neben dem Pianosalon auch zahlreiche Künstler-Ateliers und das ungewöhnliche Restaurant »Der Pförtner« befinden – 2017 für fast 30 Millionen € an eine Investorengruppe verkauft wurde. Zukunft: erst mal ungewiss. Es gibt Orte, die geschützt werden müssen. Der Pianosalon von Christoph Schreiber gehört definitiv dazu.

33

U 6 / U 9 LEOPOLDPLATZ

Drinks im Inneren des Vulkans

BASALT BAR
UTRECHTER STRASSE 38
13347 BERLIN
DI - SA AB 19

Mein Verhältnis zum Alkohol ist eher schwankend. Wer Bier und Wein nicht mag, nach Schnäpsen minutenlang mit verzogenem Mund in einer Grimasse verharrt und Gin Tonic nur trinkt, weil er wie Limo schmeckt, der ist nicht unbedingt dafür prädestiniert, regelmäßig in Bars zu gehen. Oder anders herum: Eine Bar, die reden könnte, würde mich an den Ohren zum Ausgang führen und »du gehst jetzt mal schön nach Hause« sagen. Wenn ich mich dennoch in einer Bar gerne aufhalte, dann hat sie ein besonderes Flair, einen Magnetismus, der mich lockt und hält. Das kann das Licht sein, die Leute vor und hinter dem Tresen oder die Bilder an den Wänden –

eben das, was eine gute Atmosphäre ausmacht.
Hier verliebte ich mich sofort.
Die Basalt-Bar musste nach ihrer Eröffnung im März 2016 nicht lange um Kundschaft buhlen. Wer sie entdeckt, der kommt wieder. Die Gäste sind ein guter Mix aus Nachbarn und Zugereisten; keine Poser, keine lauten Trinker. Die Utrechter Straße liegt in einer typischen Alt-Berliner Wohngegend. Ein paar Läden, Spätis, Kitas, gewerblicher Leerstand, Sanierungsprojekte. Eigenartige Kacheln kleiden das Haus von außen ein. Im Bad will ich die nicht haben, denke ich noch und betrete einen dunklen, partiell ausgeleuchteten Mikrokosmos. Basalt. Ich erinnere mich an den schieferfarbenen Ton einer Farbkarte. Basalt, sagt das Lexikon, ist das vulkanische Äquivalent zum Gabbro (Plutonit). Aha. Es ist hier tatsächlich ein bisschen so, wie ich mir das Innere eines Vulkans vorstelle. Das Ambiente wirkt schlicht und reduziert, Botanik dient als wesentliches Gestaltungselement. Sensible Lichtakzente betonen Blumen, Blütengestecke und Grünpflanzen, ich möchte tausend Fotos schießen und jedes einzelne wäre eine Hymne auf die Ästhetik dieser Bar.
Am Tresen finden sich die Kacheln der Hauswand wieder, und das ist kein Zufall: Sie wurden extra von einer Brandenburger Manufaktur hergestellt, schaffen

eine jetzt schlüssige Verbindung von Außen und Innen und passen zweifellos in den Kontext dieser Räume. Alles hier scheint mit Bedacht entstanden zu sein.
Die Drinks gelten als erstklassig, die Bartender sind aufmerksam und humorvoll, kein Wunder also, dass *Mixology*, das Magazin für Barkultur, diesen Ort als eine Kombination aus Bereicherung und Erlösung bezeichnete.
Der Besitzer Kieran Mac Devitt, Halb-Ire, sammelte viele Jahre Erfahrung in der Gastronomie. Er kennt seinen Kiez, schließlich leitete er lange ein Restaurant in der Nähe. Praktischerweise wohnt Kieran selbst im Hinterhaus, wie übrigens auch Matthias Heumeier, der für das Konzept verantwortlich ist und zum Partner wurde – beide kennen sich seit ihrer Schulzeit.
Ungefähr viermal pro Jahr wird die Karte geändert, saisonal abgestimmt auf das, was momentan wächst. Kräuter und andere Zutaten werden genau ausgewählt, die Sirupe selbst hergestellt. Einer der Lieblingsdrinks vieler Gäste heißt »Basilisc« und besteht aus Basilikum, französischem Wodka, St. Germain Holunderblüten-Likör, frischer Zitrone und naturtrübem Apfelsaft. Den könnten Sie natürlich nachmixen, aber glauben Sie mir bitte: An Ort und Stelle wird er Ihnen sehr viel besser schmecken.

34

U 6 / S 41 / S 42 WEDDING, BUSSE 247 UND M 27 NETTELBECKPLATZ / WEDDING

Buenos Aires in der Hauptstadt

TANGOLOFT
GERICHTSTRASSE 23, 2. AUFGANG
13347 BERLIN
PROGRAMM UND ÖFFNUNGSZEITEN UNTER
WWW.TANGOLOFT-BERLIN.DE
EINTRITT MILONGAS 6€
KURSE 10-12€ PRO STUNDE

»Der Tango ist der direkte Ausdruck dessen, was Dichter oft in Worte zu fassen versucht haben: Der Glaube, dass der Kampf ein Fest sein kann.« Jorge Luis Borges

Eines der Berliner Mantras, in diesem Fall »Der Wedding kommt«, drängte sich mir auf, als ich 2013 für Dreharbeiten in die Gerichtstraße fuhr. Das »Stadtbad« existierte noch mit seinen Ateliers und guten Geistern, und als ich mich auf der Straße einmal um die eigene Achse drehte und die Atmosphäre wahrnahm, dachte ich: ja, tatsächlich. Die Metamorphose dieses Stadtteils war längst im Gange, ich hatte es nur nicht bemerkt.

Das »Lebenshaus Mitte«, ein großes, altes Gebäude mit sieben Höfen, wirkte wie ein summender Bienenstock mit seinen Clubs, Ateliers und Bars. Im ersten Stock war ich mit Mona-Isabelle verabredet, um einen zentralen Treffpunkt der Berliner Tango-Szene kennenzulernen. Berlin, die zweitgrößte Tango-Enklave außerhalb von Buenos Aires. Tatsächlich? Konnte hier zwischen all den Graffiti, dem bröckelnden Beton, dem Morbiden das entstehen, was eine Milonga ausmacht? Heißblütigkeit und Schwüle an einem kalten grauen Frühlingstag im Wedding?

Beim Betreten des Tango-Lofts war klar: Wenn es funktionieren kann, dann an einem Ort wie diesem. Schon der riesige Raum mit den großen Fenstern, Bildern, Blumengestecken, Farben, Kerzen und dem Konzertflügel strahlte eine enorme Sinnlichkeit aus. Es sei eine andere Welt, sagte Mona-Isabelle, seit 2007 Geschäftsführerin und Mitinhaberin. Hier kreisten auf einem alten Holzboden, eingetaucht in buntes Licht, Paare jedweden Alters umeinander, mit großer Freude und ernster Miene, getrieben von den vehementen Takten dieser besonderen Musik. »Wir legen hier großen Wert auf zeitgenössischen Tango. Kannst du den Unterschied hören?«, fragte sie. Nein, konnte ich nicht. »Nicht schlimm«, sagte Mona-Isabelle,

»mir ist nur wichtig, dass die Leute wissen: Was hier stattfindet, muss nicht nostalgisch sein. Der moderne Tango ist wundervoll.«

Die Idee für das Loft entstand 2001 im Kopf von Henning Klose, einem Tango-begeisterten, ehemaligen Lehrer. Nachdem die Szene in Berlin vor vielen Jahren anschwoll und Milongas professioneller wurden, wollte er einen Ort schaffen, an dem auch Platz für Improvisation bliebe. Improvisiert wirken weder das durchorganisierte Kurs-Programm noch der Shop mit Tanz-Kleidung, aber es ist den Betreibern gelungen, den Charme des Unfertigen in diesen Räumen zu konservieren.

Unter der Woche finden ab 18 Uhr Kurse statt, die Samstags-Milonga startet um 21 Uhr, sonntags beginnt sie bereits um 15 Uhr. »Und dann ist um 22 Uhr Schluss?« »Im Gegenteil«, sagt Mona-Isabelle, »ich kann's dir nicht erklären, aber die Sonntage hier reichen bis in die hellen Morgenstunden solider Montage hinein. Manchmal gehen die Leute deswegen sogar später zur Arbeit.«

Ich lehnte an der Wand und schaute den Tanzenden zu. Ein älterer Herr in einem weißen Anzug stellte sich neben mich und flüsterte: »Frauen lieben es, geführt zu werden.« Ich konnte nicht nicken und wollte nicht lächeln, also kippte er schnell ein versöhnliches »... beim Tanz, meine Dame!« hinterher. »Darf ich?« Einverstanden. Ich ließ mich führen, so gut es ging. Ein paarmal kollidierten unsere Füße, er überspielte es souverän, ich gab mich elastisch und begriff doch nichts von diesem Tanz. Aber eine Sache verstand ich: Der Tango umwirbt dich nicht, er greift nach dir. Und um ihn kennenzulernen, war das hier wohl der beste Platz, den man in Berlin finden konnte.

35

TRAM M 13 UND 50 VIRCHOW-KLINIKUM, U 9 / S 41 / S 42 WESTHAFEN

Bootsverleih für perfekte Sommertage

Bestimmte Menschen als Originale zu bezeichnen, kann ja durchaus vermessen wirken. Weil man sich selbst zum Bewerter erhebt. Oder auch, weil bei dieser Bezeichnung häufig was Drolliges oder Kauziges mitschwingt.

Wer einem außergewöhnlichen Menschen gegenübersteht, der merkt es eh – und Monika, die Besitzerin der »Fischerpinte« im Bootshaus Plötzensee, ist eine in vieler Hinsicht besondere Person, ein Original. Das Herz auf der Zunge, die Haare zu einem weichen Dutt gesteckt, die Nägel farb- und detailfreudig modelliert und auf ihrem großen Busen bricht sich das Licht in tausend Prismen, wenn die Sonne

FISCHERPINTE: BOOTSVERLEIH
AM PLÖTZENSEE
NORDUFER 23
13351 BERLIN
TEL. 030 452 4021
SA - SO 10-21, MO - FR 12-21

durch das kleine Fenster auf die zahllosen Strass-Steinchen ihres T-Shirts fällt. 1958 war sie zum ersten Mal hier. »Da war ick sieben, mit mein' Eltern. Damals hießet noch ›Kahnfahrn‹. Hat nicht viel jekostet, rin ins Boot und dann raus.« 1990 übernahmen sie und ihr Mann die kleine Gaststätte mit dem Bootsverleih, »die Mauer hat uffjemacht und wir sind hier rinjegang«. Neben Angler-Tageskarten (ab 35 €) gibt es 25 Ruder- und Tretboote (ab 8 €), Softdrinks, Spirituosen, Bier und Snacks.

An einem Sommertag wie heute entspricht die Atmosphäre hier in etwa dem, was teuer bezahlte Set-Designer für den Werbefilm-Dreh eines neuen Erfrischungsgetränks arrangieren würden. Fast alle Tische und Stühle auf den Stegen sind besetzt. Überwiegend junge Frauen und Männer verschiedener Nationalitäten sitzen lässig in Shorts und Shirts am Wasser, kauen Kekse und Buletten, nippen an ihren Gläsern und blinzeln selig in die Sonne.

Von diesem Platz am Wasser sprechen Besucher in Online-Reiseführern als »Geheimtipp« und zeigen sich unsicher, ob man den kleinen, versteckten Ort überhaupt denen verraten sollte, die Orientierung suchen bei ihren Trips durch die große Stadt. Monika, das ist sicher, hat nichts dagegen. Sollen ruhig noch ein paar andere Leute kommen, denn der Wedding, seit 45 Jahren ihr Wedding, hat sich spürbar verändert. Und nicht nur zu seinem Vorteil. Die neuen Bewohner, die aus dem Prenzlauer Berg flüchteten, stören sie nicht so wie diejenigen, »die nich ma Respekt vor dem Eigentum anderer ham«. Die lassen oft ihren gesamten Müll im Park liegen oder steigen nachts über den Zaun und randalieren.

Aber ohne ihren Platz hier am See könnte sie sich ihr Leben nicht vorstellen, selbst wenn sie manchmal am Limit ist. Monika greift zu ihrem Smartphone. Mit diesen unglaublich langen, bunten Nägeln fährt sie auf dem Display hin und her. »Mensch, wo is dett jetz ... ick hab's doch gerade noch ... ah. Hier. Wat sachste dazu? Ist dittn Sonnenuntergang? Det war jestern.« Sie zeigt mir ein Foto vom Plötzensee, das wirkt, als hätte sie mir vorher LSD ins Getränk gemischt. »Ick hab zwar nich mehr viel Kraft für allet hier. Aber wenn ick so watt dann sehe, bin ick glücklich.« Monikas Augen werden feucht. Wie ertappt schaut sie schnell aus dem Fenster Richtung Sonne und zieht lange an ihrer Zigarette.

Moabit

36

BUSSE 100 / 187 SCHLOSS BELLEVUE, BUSSE 187 / 245 MOABIT/RATHENOWER STR.

Ein Restaurant, das Tarantino gefiele

ERGUN'S FISCHBUDE
LÜNEBURGER STRASSE 382
10557 BERLIN
TEL. 030 397 5737
TÄGLICH 15-23

Früher hatten die Dinge ihre Ordnung. Wilde Haare galten als ungepflegt, Wände waren tapeziert und keinesfalls unverputzt und natürlich hatte man keinen Riss in der Hose, warum auch. Dann kam der Second-Hand-Trend, gebrauchten Klamotten und Möbeln wurde ein gelebter Charme zugesprochen und in puncto Nachhaltigkeit war das Weitergeben eh ein tolles Argument. Gut, und dann dachte sich irgendwer diesen »Shabby-« oder »Used Look« aus und die Dinge fingen an, uns zu belügen. Fabrikneue Gegenstände werden mit Gebrauchsspuren versehen, um uns eine Vergangenheit vorzuleben, die es so nie gab. Die perfekte, maschinell abgeschub-

berte und mit Rostfarbe bestrichene Emaillewanne ist seelenlos. Ihre echte Schwester stand 40 Jahre unter einem Apfelbaum in Paris oder Peine, diente als Wäschekorb, beherbergte kurzzeitig einen Weihnachtskarpfen und wurde schließlich in all ihrer Rostigkeit bepflanzt. Hier kommt das gut gebuchte Wort »Authentizität« ins Spiel. Bestimmte Dinge kann man nicht konstruieren, sie müssen wachsen und zusammenfinden.

Nur so lässt sich erklären, dass ein Ort wie »Ergun's Fischrestaurant« zu dem wurde, was er ist: ein außergewöhnlicher Platz, an dem die Dinge passierten und zu einem eigenen Konzept heranwuchsen. Keiner wird gesagt haben: Du, wir eröffnen in einem rumpeligen S-Bahn-Bogen ein dunkles Restaurant, in dem vollgeschriebene Karten von der Decke hängen und alles wirkt, als sei man versehentlich in eine dadaistische Klebe-Collage geraten. An ein Restaurant dachte Anfang der Neunziger sowieso noch niemand. Ergun Çentibas, Berlins erster türkischer Fischhändler, nutzte die Räumlichkeiten als Lager. Schließlich betrieb er ein paar Marktstände, am Maybachufer, auf dem Crellemarkt und im Wedding. Einmal brachte jemand einen zweiten Stuhl mit ins Lager, man setzte sich zusammen und bereitete den Tag nach. Beim nächsten Mal beschlossen Ergun und seine Freunde, spontan einen der Fische dort zuzubereiten, es wurden mehr Stühle, mehr Tische, mehr Fische, mehr Leute. 1994 dann eröffnete Ergun sein Restaurant, das übrigens von zwei Straßen aus betreten werden kann. Die Karte ist so gut wie fix: Es gibt ein paar Fischsorten (der Publikumsliebling ist die Dorade für 14 €, serviert mit einem leckeren Salat für 3,50 €), eine gute Portion Garnelen und einige türkische Weine. Unter der Decke hängen zahlreiche Karten, einst Preisschilder für die Fische, die aber mit der Zeit zweckentfremdet wurden. Einer machte den Anfang, nach und nach wurden es mehr. Ob es nun der Dank für ein leckeres Essen, das Bedauern über das Ausscheiden des Fußballclubs oder eine Entschuldigungs-Botschaft an die Ehefrau ist – Erguns Deckenkarten ergeben ein vollständiges Soziogramm des Lebens. In der Ecke des Ladens steht ein Fernseher, der von einem Video- oder DVD-Player gespeist wird. Immer, wenn ich dort war, zeigte er: Buchten. Nichts als Buchten, ein paar Minuten die eine Bucht, dann die nächste. Sonne, Himmel, Meer. Auf den Tischen: Glasplatten. Unter den Glasplatten: weitere Botschaften zufriedener Gäste. »Ein unvergesslicher Abend!«, daneben irgendwas auf Japanisch.

Seit 2014 führt Erguns Tochter Mine den Laden. Viele Stammgäste gibt's hier, sagt Mine, Abgeordnete sind dabei, Staatsanwälte, »und alle total gechillt. Deutsche Gäste sind die besten, das kannst du ruhig schreiben.« Worauf bezieht sich das? »Na, es gibt halt oft Chaos, manchmal ist der Kopf so voll. Und hier passt die Gabel nicht zum Messer, die unterschiedlichen Stühle nicht zu den Tischen, aber die Leute haben Spaß.« Haben sie, das ist zu spüren. Im Sommer kann man auch draußen sitzen, aber das wäre schade, schließlich brächte man sich um das Vergnügen, permanent etwas Neues zu entdecken.

37

U9 TURMSTRASSE, BUS 101 ALT-MOABIT/GOTZKOWSKYSTRASSE

Ungewöhnlicher Waschsalon und Kiez-Treff

FREDDY LECK SEIN WASCHSALON
GOTZKOWSKYSTRASSE 11
10555 BERLIN
TEL. 030 509 16 652
TÄGLICH 7-23
WWW.FREDDY-LECK-SEIN-WASCHSALON.DE/

Um eines gleich mal klarzustellen: Bei Dirk Martens' Zuwendung und Leidenschaft seinen Waschvollautomaten gegenüber handelt es sich keineswegs um Objektophilie.
Sicherlich haben Sie schon davon gehört: Menschen verlieben sich in eine Brücke, einen Gegenstand oder die Berliner Mauer und führen mit diesen Objekten eine Beziehung. So heiratete 2007 beispielsweise die US-amerikanische Bogenschützin Erika Aya Eiffel offiziell und im Beisein von Freunden den Eiffelturm. Die Behörden erkannten diese Ehe zwar nicht an, standen aber ihrer Namensänderung nicht im Wege. Wie ein gemeinsames Zuhause für die beiden

aussehen könnte, bleibt allerdings fraglich.

All die tiefen Gefühle, die der Schauspieler Dirk Martens für seine Waschmaschinen hegt (und das tut er), haben damit nichts zu tun. Sie entspringen einer aufrichtigen Dankbarkeit und Freude.

Wie viele gute Geschichten begann auch seine mit einer kleinen Tragödie. Da gab es in Köln diesen Menschen, den Dirk über alles liebte und dessen größter Wunsch es war, einen eigenen Waschsalon zu besitzen. »Gut, habe ich gesagt, dann sollst du den bekommen. Total naiv, das war richtig teuer. Plötzlich zerbrach unsere Liebe, und ich stand da mit einem Waschsalon.« Nach drei Jahren verkaufte er das Geschäft, um die Idee in Berlin mit einem neuen, ungewöhnlichen Konzept umzusetzen. Er fand einen leerstehenden Laden, richtete ihn ein, nein, stattete ihn aus und gab ihm den Namen »Freddy Leck«. »Ich dachte, es wäre doch toll, wenn ein Waschsalon-Besitzer mit F. Leck unterschreiben muss. Das war die beste Idee meines Lebens.« Stimmt. Die unterschiedlichsten Leute kommen hierher, Alleinstehende, Paare, Bauarbeiter, Akademiker, Männer wie Frauen. Die einen waschen selbst und überbrücken die Zeit an einem der gemütlichen Tische mit Kaffee (Latte macchiato für 1,90 €), Kuchen (1,20 €), sitzen am Laptop oder lesen Zeitung, andere geben ihre Wäsche ab und lassen sie sich frisch duftend und gebügelt nach Hause liefern. Freddy Lecks Service-Palette umfasst so ziemlich alles, was man mit Wäsche anstellen kann. 27 Waschmaschinen stehen freundlich drapiert an den Wänden, sie schleudern und sirren und bringen Dirk Martens' Augen zum Strahlen. »Was siehst du in diesen Maschinen, was ich nicht sehe«, frage ich ihn. »Zuerst einmal ist es die Dankbarkeit, weil sie einem eine wirklich harte Arbeit abnehmen. Dann der Blick durchs Bullauge, wenn sich die Wäsche dreht, wenn ich sehe, wie das Schmutzwasser abgepumpt wird, bis das frische, neue Wasser kommt. Der Moment, wenn man die Maschine öffnet und diese sauberen, duftenden Sachen herausnimmt. Großartig.« So gesehen klingt es nachvollziehbar, und mehr noch: philosophisch. Es kommt ja nicht von ungefähr, dass das griechische Wort *Katharsis* »Reinigung« bedeutet. Ich verstehe. In diesem Waschsalon mit seinen Farben, Mustern und Möbeln sitzt man wie in einer Theaterkulisse. Eigentlich der ideale Hotspot für den crazy Berliner, um hier seine Zeit zu verbringen. Dirk Martens zieht seine Augen zu einem ernsten Blick zusammen. »Wir sind alles, nur nicht crazy. Ich bin auch kein hipper Laden. Wir sind hier erzkonservativ. Wenn nicht alles sauber und picobello läuft, dann ist das überhaupt kein Vergnügen mit mir.« Ich glaube ihm sofort, dabei ist dieser Mann so unendlich humorvoll und freundlich. Wenn er für Dreharbeiten vor der Kamera steht, schmeißt seine enge Mitarbeiterin Ines den Laden mit ebenso viel Freude und Ernsthaftigkeit. Gerade erst weilte Martens für ein paar Tage in Japan, allerdings nicht für einen Dreh. In Tokyo eröffnete er einen Freddy-Leck-Salon, weil die Japaner ganz verrückt nach ihm und seinen Produkten sind. Sollte Ihnen also jemals fern der Heimat ein bisschen zu viel Sojasauce übers Hemd gelaufen sein: Die Tokyoter Filiale befindet sich in der 1-3-13 Chuo-cho, Meguro-ku.

38

BUS M 27 QUITZOWSTRASSE, BUS 123 PERLEBERGER BRÜCKE BZW. KRUPPSTRASSE

Alternatives Kino wie vor 30 Jahren

FILMRAUSCHPALAST
IN DER KULTURFABRIK MOABIT
LEHRTER STRASSE 35
10557 BERLIN
TEL. 030 394 4344

FILME TÄGLICH UM 18, 20 UND 22 UHR
PROGRAMM UND TICKETS UNTER
WWW.FILMRAUSCH.DE
WWW.KULTURFABRIK-MOABIT.DE/KUFA

In einer Stadt voller Existentialisten, Karrieristen, Anarchisten, Fatalisten, Lobbyisten, Utopisten und Start-up-isten gibt es tatsächlich auch immer noch ein paar Idealisten. Leute, die regelmäßig Dinge tun, die nicht ihrem persönlichen Vorteil dienen, sondern einer größeren Idee untergeordnet sind, von der viele profitieren.

Die Kulturfabrik, einen Steinwurf vom Hauptbahnhof entfernt, wird von solchen Menschen am Leben erhalten. Ihr Antrieb mag von vielem gespeist sein, nicht aber von kommerziellen Interessen. Sie nahmen sich 1991 des stolzen Gebäudes an, das ab 1973 für viele Jahre leer stand, taten sich mit Studenten,

Anwohnern und Künstlern zusammen, gründeten vier Vereine und versahen das alte Haus mit einem neuen Ziel: der sozialen und kulturellen Belebung des Bezirks. Das taten sie schon damals ehrenamtlich und so ist es geblieben. Hier wird getanzt, gefeiert, diskutiert, ausgestellt, präsentiert und musiziert, es gibt Kicker-Turniere und Theater. Und was schändlicherweise nur ein kleiner Teil der Moabiter weiß: In der Kulturfabrik befindet sich das einzige Kino des Stadtteils – der liebenswerte Filmrauschpalast. Täglich werden hier drei verschiedene Filme gezeigt: um 18, 20 und 22 Uhr, der Eintritt kostet 6 €. Auch wenn das Kino mit dem aktuellen Digital-Standard (DCP) ausgestattet ist, gönnt man sich regelmäßig 35-mm-Filme, also die gute alte Analog-Technik, was unter Cineasten als Gütesiegel gilt. Während der Sommermonate gibt's Open Air Kino (90 Plätze), freitags und samstags, der Eintritt ist frei; bei Regen wird alles in den Kinosaal verlegt, der mit 45 Plätzen bestückt ist. Eine Mindestbesucherzahl ist hier übrigens nicht wichtig: Sollten Sie bei einer Vorstellung der einzige Gast sein, dann heißt es eben für Sie ganz allein: Licht aus, der Film beginnt. Das Filmrausch-Café gleicht einer Mischung aus WG-Küche und Wohnzimmer mit Getränken und Snacks, und an kalten Tagen bollert der alte Ofen mit ordentlich Schmackes eine angenehme Wärme in den Raum.

Es wird spannend, mit anzusehen, wie und ob sich dieses Refugium verändern wird, denn wenige Meter von der Kulturfabrik entfernt entsteht auf einer riesigen Fläche, die jahrzehntelang nur Brache war, ein komplett neues Stadtviertel mit dem kalten Namen »Europacity«. Geplant sind ca. 1400 Wohnungen, Büros und Geschäfte. Nun gehört es in Berlin quasi zum guten Ton, Neuerungen skeptisch gegenüberzustehen. Wie diese baulichen Veränderungen den sozialen Mix in dieser eh schon ziemlich gemixten Gegend beeinflussen, wird sich zeigen, wenn die Baukräne verschwunden sind. Aber da es in dieser Stadt neben all den -isten ja auch noch ein paar Optimisten gibt, könnte eine Einrichtung wie die Kulturfabrik von den neuen Nachbarn profitieren. Und umgekehrt.

39

BUS M 27 QUITZOWSTRASSE, BUS 123 PERLEBERGER BRÜCKE BZW. KRUPPSTRASSE

Lesungen, Drinks und Kicker-Turniere

KAPITEL 21
LEHRTER STRASSE 55
10557 BERLIN
TEL. 030 513 04 910
DI - SO AB 18
WWW.KAPITEL21.DE

Als ich Ende der neunziger Jahre nach Berlin zog, konnte von einem angespannten Wohnungsmarkt noch nicht die Rede sein. Aus Hamburg kommend, wo Menschen nächtelang nicht schlafen können, weil sie mit 50 anderen für einen Besichtigungstermin optioniert werden (»Der Makler hat mich zurückgerufen! Ich flipp aus. Lokalrunde!«), war ich schwer traumatisiert und konnte mein Glück gar nicht fassen, wenn ich die zahlreichen Angebote für preiswerte Mietwohnungen in den schweren Wochenend-Ausgaben der Tageszeitungen betrachtete. Um ein Haar wäre ich damals nach Moabit gezogen (130 qm, 4 Zimmer, Altbau, 750 DM warm). Im

Nachhinein war es gut, dass es dazu nicht kam, denn Moabit und ich – wir wären damals aus verschiedenen Gründen keine Freunde geworden. Mittlerweile hat sich die Situation verschoben, wie sich in dieser Stadt ständig so vieles verschiebt.

Neben den Alteingesessenen wohnen inzwischen auch viele junge Familien hier, Studenten aus allen möglichen Ländern, Kreative, Unkreative, Migranten in der 3. Generation, überhaupt Vertreter aller Generationen, es ist alles da, ein turbulenter Mix, verteilt auf 112 Straßen. Die Zeit der Dumping-Mieten allerdings ist vorbei, dieses Schicksal teilt der Stadtteil mit den meisten anderen Berlins. In den Sanierungsecken kommen sich Hautevolee und Hartz IV langsam räumlich näher, in der Regel unfreiwillig.

Die im östlichen Moabit gelegene Lehrter Straße ist ein wichtiger Muskel dieses Bezirks. Sie ist nicht halb so belebt wie beispielsweise die Turmstraße, dafür umso beliebter, denn auf dieser schmalen Verkehrsachse zum Hauptbahnhof sind einige interessante Anlaufpunkte zu finden. 2012 eröffnete der in Bosnien geborene Berliner Asmir gegenüber der Kulturfabrik das »Kapitel 21«, benannt nach der alten Moabiter Postleitzahl (bis 1993 musste es heißen »1000 Berlin 21«).

Eigentlich ist Asmir Musiker und

Produzent, macht elektronische Balkan- und Swingmusik, wenn er mit seiner Band auftritt. Als er den Plan fasste, einen Ort für Kunstausstellungen, Lesungen, Konzerte und gute Drinks zu schaffen, gab's nicht viel in der Gegend und einen Laden, der auf Barkultur setzte, ohne dabei classy sein zu wollen, schon mal gar nicht. Dass sich das »Kapitel 21« hier etablierte und sein gemischtes Publikum fand, ist der Begeisterung, aber auch dem hohen Anspruch an Qualität geschuldet, mit denen Asmir seinen Laden betreibt. Für die Leidenschaft steht beispielsweise ein von innen beleuchteter Kickertisch (regelmäßig richtet das »Kapitel 21« Turniere aus) – Qualität ist in den Drinks zu finden. Aus besten Zutaten und mit wenig Zucker stellt er Limonaden und Sirup für die Cocktails selbst her, das Team braut eigenes Bier, »meine Antwort auf Industrie-Bier, zum normalen Preis und ohne Hopfenextrakt«. Connaisseure können sich durch zahlreiche Craft-Beer- und 20 Wodka-Sorten trinken, und wenn der kleine Hunger kommt, dann wird eben Barfood bestellt, Oliven, Erdnüsse, Nachos und Asmirs veganer Nudelsalat, »den mache ich mit Champignons, Paprika, getrockneten Tomaten und Chili. So lecker! Willsten Teller?« »Klar!«

40

S-BAHNHOF BELLEVUE

Buchwald Baumkuchen

BERLINS ÄLTESTE KONDITOREI
KONDITOREI BUCHWALD
BARTNINGALLEE 29
10557 BERLIN
TEL. 030 391 5931
TÄGLICH 9-19
WWW.KONDITOREI-BUCHWALD.DE

Wer mit Desserts aus den siebziger Jahren sozialisiert wurde, liebte es bunt, süß und eindeutig. Da hatte es ein dunkelbrauner, schmuckloser Klotz wie Baumkuchen schwer, mit einem leuchtenden oder cremigen Nachtisch zu konkurrieren. Himbeereis war mit derart intensiven Geruchs- und Geschmacksaromen angereichert, dass man es am anderen Ende der Wohnung riechen konnte, und Biochemiker würden sicherlich heute noch Spuren fluoreszierender Chemie-Moleküle in meinem Organismus finden, so knallgrün war das Waldmeistereis. Baumkuchen erschien uns Kindern wie eine politische Diskussion am Kaffeetisch. Langweilig, dröge. Nicht

mal die taktisch gar nicht unkluge künstliche Verknappung (»Jeder nur ein kleines Stückchen, Baumkuchen ist teuer.«) machte ihn für uns interessanter.

Aber wie es so ist, die Dinge ändern sich, plötzlich mag man Koriander oder Basilikum, und plötzlich versteht man auch: Baumkuchen schmeckt großartig.

Im 17. Jahrhundert tauchte diese Köstlichkeit erstmals in einem Kochbuch auf. Die Herstellung gilt als aufwändig und kompliziert: Dünnflüssiger Teig wird schichtweise auf eine sich drehende Walze gegossen, die in einem gewissen Abstand zu einem – in meinen Worten – sich drehenden, horizontalen Dönerspieß angebracht ist. Um die äußere Wellenform zu erhalten, bindet man den Teig mit Schnüren ab. Machen Sie das besser nicht nach.

Der Baumkuchen gilt unverändert als eine Art Gütesiegel für die Konditorenzunft, und auch, wenn man ihn abgepackt sogar in einigen Discountern kaufen kann, schmeckt er frisch und fachmännisch gebacken unvergleichlich gut – und den besten gibt es ganz klar bei Buchwald.

Seit mehr als 160 Jahren existiert die älteste Konditorei Berlins. Ihre Produkte versorgten schon den Preußischen Hof mit Kuchen und Torten aller Art.

Das Café ist geräumig, und im Sommer kann man sich auf die Terrasse setzen, mit der Spree gleich nebenan.

Sie werden auf ein vielfältiges Angebot stoßen: eine Frühstückskarte, diverse Torten und Kuchen. Nehmen Sie sich in jedem Fall einen abgepackten Baumkuchen mit. Verlassen Sie das Geschäft mit dem Vorsatz, ihn verschenken zu wollen.

Aber dazu, das sage ich aus Erfahrung, wird es wahrscheinlich nicht kommen.

Tiergarten

41

S-/U-BAHNHÖFE BELLEVUE, BRANDENBURGER TOR, BUNDESTAG, POTSDAMER PLATZ, TIERGARTEN

Stadtpark zwischen Schöneberg und Mitte

GROSSER TIERGARTEN

Wer auf der Autobahn Richtung Berlin fährt, dem werden zwei Ausfahrten mit dem Ziel »Zentrum« angeboten: eine im Osten (Alexanderplatz) und eine im Westen (Bahnhof Zoo). Nun habe ich als Schönebergerin einen leichten West-Knick in der Linse, aber aus meiner Sicht liegt das wahre Zentrum dieser Stadt leicht links von der geografischen Mitte: der Große Tiergarten nämlich. Lassen Sie sich nicht irritieren: Das Wort »Tiergarten« ist in diesem Kontext kein Synonym für Zoo. Mein Tiergarten ist ein Park, der – gleich einer Krokantschokolade, die sich nur sehr schwer in gleiche Teile brechen lässt – aus verschieden großen Flächen besteht, die zusammen-

gehören, aber von ein paar Straßen durchzogen sind. Eine davon ist die Straße des 17. Juni, für Touristen durch die Siegessäule und den dort verorteten Flohmarkt ein Begriff, Berliner assoziieren damit eher nervtötende Sperrungen und Blitzer.
210 Hektar ist er groß, der Park, ursprünglich mal als Jagdrevier der Kurfürsten von Brandenburg konzipiert, riss man Mitte des 18. Jahrhunderts auf Geheiß Friedrichs des Großen die Zäune drum herum nieder und öffnete die Anlage als »Lustpark« für die Bevölkerung. Richtig so. Nach dem Zweiten Weltkrieg herrschten Hunger und Kälte. Die meisten der ehemals rund 200 000 Bäume wurden gerodet und verheizt, auf den nun ebenen Flächen bauten die Menschen alles an, was wuchs und einigermaßen sättigte. 1949 begann man mit der jahrelangen Aufforstung und Berlin, das zerrissene Sorgenkind, ließ sich großzügig beschenken: Über 250 000 junge Bäume wurden aus verschiedenen Städten der Bundesrepublik gespendet und tatsächlich: Zu Zeiten der Berlin-Blockade erreichten die frischen Pflänzchen ihr neues Zuhause per Flugzeug.
Spätestens seit ich einen Hund besitze, ist die tägliche Spazierfahrt mit dem Rad durch den Tiergarten aus meinem Leben nicht mehr wegzudenken. An diesigen Tagen erscheint es mir manchmal, als sei ich der einzige Mensch dort, niemand kommt mir entgegen, ganz so, als befände ich mich im Auge des Sturms. Ich habe hier mal eine Frau beobachtet, die einen Papageien-Käfig mitbrachte und ihre beiden Vögel auf einem Baum herumhopsen ließ. Manchmal trifft man auf Lachgruppen und Schweigegruppen, Sonnenanbeter, Schildkröten, Waschbären, Eichhörnchen, die Gummifrau, eine ältere Meckertante, die bei Wind und Wetter im Bikini an derselben Stelle liegt, Zeitung liest und jeden Hund ankeift, der an ihr vorbeidackelt. Jogger, Walker, einen Rückwärtsgeher, Picknicks und eine Gruppe älterer Portugiesen, die an den Sommersonntagen mit Klappstühlen und Tischchen auf einer Wiese Karten spielt. Und – fürs Protokoll – in fast 10 Jahren habe ich nur einmal einen Mann gesehen, der hinter einer Fichte hervortrat und sein Gemächt schüttelte. Ich war so entrüstet, dass ich schrie: »Du Scheiß-Exorzist!« Ein paar Meter weiter dachte ich: gut. Ein paar Vorteile haben all die Sex- und Pornoseiten im Netz wohl doch: Die Leute bleiben zu Hause. Den Begriff »Exhibitionist« habe ich lange nicht benutzen müssen. War mir offenbar entfallen.

42

S-BAHNHOF BELLEVUE

Ein Hauch von Sylt in Preußen

TEEHAUS IM ENGLISCHEN GARTEN:
RESTAURANT UND BIERGARTEN
ALTONAERSTRASSE 2
10557 BERLIN
TEL. 030 394 80 400
DI - SA AB 12, SO AB 10
WINTERÖFFNUNGSZEITEN UNTER WWW.
DAS-TEEHAUS.JIMDO.COM

»Flitzpiepe«, »Wat kiekste so blöd, Fatzke«, »Pass ma schön uff, Keule, ick schieb dir gleich eene« – in Berlin wird viel geblafft und geknurrt, aber wenig gebissen. Berliner regen sich grundsätzlich gerne auf. Gründe gibt es genug. Man ärgert sich über Baustellen (rein rechnerisch alle 53 Meter), Staatsbesuche, die zu Absperrungen und Dauerrot an den Ampeln führen, und Demonstrationen, von denen durchschnittlich neun pro Tag stattfinden. Man ärgert sich leidenschaftlich über Touristen, Busfahrer, Taxifahrer, Radfahrer, Autofahrer und Fußgänger. Sie alle sind die natürlichen Feinde der jeweils anderen Gruppe. Geschenkt. Denn wenn es eine Sa-

che gibt, die zum kollektiven Ärgernis wird, dann ist es die Sperrung der »Straße des 17. Juni«, der mit 85,2 Metern breitesten Straße der Stadt. Irgendwas ist immer: Fan-Meile, Modewoche, Marathon. Wenn dieser Boulevard, der vom Ernst-Reuter-Platz aufs Brandenburger Tor führt, vom Großen Stern an gesperrt ist, staut sich der Verkehr extrem. Nun könnte man meinen, dass sich diese Stadt daran gewöhnt hätte. Ich versichere Ihnen: hat sie nicht. Immerhin gibt es unter »www.istdiestrassedes17tenjunigesperrt.de« eine Art Präventions-Therapie, ideal für Choleriker und Reisende, die pünktlich den Bahnhof erreichen müssen.

An einem dieser Sperrungs-Tage jedenfalls verlegte ich meinen Hundespaziergang gezwungenermaßen in den Teil des Tiergartens, der mir dafür bislang zu klein erschien: das Stück zwischen Schloss Bellevue und Hansaviertel, den sogenannten »Englischen Garten«, der seinen Namen durch Pflanzenspenden erhielt, die Berlin nach dem Krieg aus England erreichten und die wesentlich dazu beitrugen, auch diesen abgerodeten Teil des Tiergartens wieder aufzuforsten.

Schon nach wenigen Schritten ins Innere des Englischen Gartens erschließt sich ein für die Hauptstadt höchst ungewöhnlicher Anblick: Der akkurate, symmetrisch angelegte Garten mit Bänken, Beeten und einem Hauch von Baden-Baden führt auf ein großes, reetgedecktes Haus. Als hätte ein Helikopter eine geräumige Sylter Kate an einem großen Haken emporgehoben, um sie versehentlich über Berlin fallen zu lassen. Dieser Ort war mir in all den Jahren zuvor nie aufgefallen. In entspannter Atmosphäre liegen Leute im Gras, lesen, dösen oder unterhalten sich. Wer hungrig wird, geht ins Restaurant oder setzt sich auf die große Terrasse des Teehauses und bestellt eine Brotzeit, Salat oder Kuchen. In den Sommermonaten wird der große Grill angeworfen, sonntags finden Live-Konzerte mit jeweils zwei Bands statt, der Eintritt ist frei. Im Winter fallen die Open-Air-Sachen natürlich weg, aber nach einem Spaziergang kann man sich hier an den Kamin setzen und heißen Tee trinken. Kommen Sie nicht im Januar oder Februar hierher, denn in diesen Monaten ist das Teehaus geschlossen.

43

BUSSE 100 / 106 / 187 / 200 NORDISCHE BOTSCHAFTEN / ADENAUER-STIFTUNG

Die meisten finnen es interessant dort

NORDISCHE BOTSCHAFTEN FELLESHUS
RAUCHSTRASSE 1
10787 BERLIN
TEL. 030 50 500
MO - FR 10-19, SA - SO 11-16
KANTINE: MO - FR 10-16
WWW.NORDISCHEBOTSCHAFTEN.ORG

Konsumrausch, Unterbezahlung, Massenanfertigungen, Dumpingpreise, desaströse Arbeitsbedingungen, Qualitätsverlust. Bevor Sie es gleich tun werden, werfe ich diese Begriffe lieber schon mal selbst in die Luft. In Zeiten der Globalisierung ist so vieles nicht mehr transparent und fair, sondern billig und bedenklich. Ich bewundere jeden, der sein Konsumverhalten radikal ändert; bei mir reicht's bislang immer wieder nur für kleine Schritte. Trotzdem muss es gesagt werden: Zwei große Unternehmen, Global Players, verhalfen uns Deutschen vor vielen Jahren zu mehr Auswahl und Geschmack und befreiten uns aus diesem Muff und der Eintö-

nigkeit langweiliger, identischer Produkte. Die Schweden waren's. Sie brachten uns attraktivere, preiswerte Möbel und interessantere Klamotten, da beißt die Maus keinen Faden ab.

Die Bewohner nordischer Länder lassen sich generell in den Bereichen Lebensqualität, Erziehung, Gleichberechtigung und Design als geschmackvolle Vorreiter und Botschafter bezeichnen. Davon zeugen auch die Botschaften am südlichen Rand des Großen Tiergartens. Die Schweden, Isländer, Dänen, Finnen und Norweger haben als Ausdruck ihrer Verbundenheit ihre Landesvertretungen unter einer Adresse gebündelt. Den fünf Botschaftsgebäuden, jedes von einem eigenen Architekten entworfen, ist das Fellehues angeschlossen, ein Gemeinschaftshaus mit Restaurant. Es ist öffentlich zugänglich und jeder willkommen, Berliner wie Tourist. An einer der Außenfassaden weisen stilvoll gestaltete Riesen-Banner auf aktuelle Ausstellungen und Veranstaltungen hin, die hier stattfinden.

Die Rubrik »Buch des Monats« stellt die Werke nordischer Schriftstellerinnen und Schriftsteller vor, in der sogenannten »Jazzkantine« treten regelmäßig Musiker auf, und es werden Vorträge und Diskussionen veranstaltet, die thematisch sehr weit gefasst sind. Die Kaffeebar im ersten Stock ist wochentags von 8.30–16.30 Uhr geöffnet, am

Wochenende von 11-15.30 Uhr. Als Geheimtipp gilt die »Internationale Kantine« im dritten Stock. Hier werden täglich drei Mahlzeiten zubereitet, eine vegetarische Variante ist Standard, die Option auf frischen Fisch ja wohl so was wie Ehrensache. An warmen Tagen besteht die Möglichkeit, alle Speisen und Getränke auf der großen Terrasse einzunehmen. Wer mittags hier essen möchte, sollte sich unbedingt an die Zeiten halten, denn zwischen 11.30 und 13 Uhr sind die Plätze den Botschaftsmitarbeitern vorbehalten. Davor und danach dürfen Sie sich nach Belieben niederlassen.

44

U 55 BUNDESTAG, BUS 100 HAUS DER KULTUREN DER WELT

Eine Hymne auf die Architektur

SCHWANGERE AUSTER:
HAUS DER KULTUREN DER WELT
JOHN-FOSTER-DULLES-ALLEE 10
10557 BERLIN
TEL. 030 397 870
TÄGLICH 10-19
PROGRAMM UNTER WWW.HKW.DE

Alex, ein guter Bekannter, hatte mich mitgenommen zu einer Party in der Schwangeren Auster. Ich litt unter Liebeskummer und fühlte mich schlecht. Wie konnte sich mein Ex-Freund so schnell neu verlieben? Und in wen? Alex war exakt in der gleichen Situation: Seine ehemalige Freundin sprach von großer Liebe und meinte damit ihren ominösen Neuen. Während alle um uns herum an diesem Abend tanzten und lachten, saßen wir bewegungslos und selbstmitleidig neben den lauten Boxen, tranken mit schweren Lidern Schnäpse und schrien uns traurige Gedanken ins Ohr. Zwei armselige Gestalten, ein jämmerliches Liebes-Outlet. Plötzlich

entdeckte ich ihn in der Menge, meinen Ex, seinen Arm hatte er um eine Frau gelegt, jetzt kamen sie direkt auf uns zu. »Was soll ich sagen, Alex? Hilf mir.« Aber Alex legte nur schwer seinen blassen Kopf auf meine Schulter und schloss die Augen. »O nein«, flüsterte er noch. Dann ging alles ganz schnell. »Hey.« »Tag. Ach, ihr kennt euch? Ist ja witzig. Wir gehen mal tanzen. Bis später.« Es war ein Erlebnis der dritten Art, denn Alex klärte mich darüber auf, dass sich unsere ehemaligen Partner unter 3 Millionen anderen Berlinern ausgerechnet ineinander verliebt hatten und nun zusammen waren. Was für ein skurriles Zusammentreffen.

Gut, die Premiere war ein Desaster, aber schon beim zweiten Besuch gelang es mir, die Schwangere Auster angemessen wahrzunehmen. Fangen wir mal so an: Dieses Gebäude gefällt mir von allen Seiten, aus jedem Winkel, architektonisch wird es als »Wahrzeichen der westlichen Moderne« beschrieben. Das Gebäude entstand 1957, es erhielt das Label »Kongresshalle« und fungierte als Amerikas Beitrag zur internationalen Bauausstellung »Interbau«. Seit 1989 ist hier nun das »Haus der Kulturen der Welt« (HKW) untergebracht. Neben dem Kanzleramt direkt an der Spree gelegen, von Wiesen und Bäumen umgeben, mit einer großen Terrasse auf dem Oberdeck und einer riesigen Terrasse zum Wasser hin. Die Ausflugsdampfer tuckern vorbei und wer aufspringen möchte, der hat es nur ein paar Meter weit zum Anleger. In der offiziellen Selbstbeschreibung ist das HKW ein »Ort für die internationalen zeitgenössischen Künste und Forum für aktuelle Entwicklungen und Diskurse«. Hier finden Tagungen, Konferenzen, Festivals, Vorträge und Ausstellungen statt, die sich so ziemlich allen gesellschaftlichen, kulturellen und wissenschaftlichen Belangen widmen. Oft sind es spannende Themen, auch wenn ich aus den Ankündigungen längst nicht immer schlau werde. Worum geht's genau? Könntet ihr das noch mal umformulieren, bitte? Wer sich durch verschwurbelte und überintellektualisierte Inhalte nicht einschüchtern lässt, der stößt dort mit Sicherheit auf höchst interessante Veranstaltungen.

Im unteren Geschoss logiert das Restaurant »Auster«, ein gastronomischer Betrieb, der in den wärmeren Monaten natürlich enorm von der biergartenähnlichen Terrasse profitiert. Das Publikum ist gemischt: von Touristen, die in diesem Ort tatsächlich nur die Rast an der Spree sehen, über Mittagsgäste aus dem Regierungsviertel bis hin zu Kunstexperten, Studierenden und anderen sehr, sehr klugen Köpfen.

45

BUSSE 100 / 106 / 187 / 200 NORDISCHE BOTSCHAFTEN / ADENAUER-STIFTUNG,
S-BAHNHOF TIERGARTEN

Der älteste Geheimtipp im Westen der Stadt

CAFÉ AM NEUEN SEE
LICHTENSTEINALLEE 2
10787 BERLIN
TEL. 030 254 4930
TÄGLICH 9-24
WWW.CAFEAMNEUENSEE.DE

Wenn ich reich wäre, würde ich jedes Jahr für einen Tag und eine Nacht das Café am Neuen See mieten, um genau dort, in diesem nach außen recht schmucklosen, eingeschossigen Bungalow mit den Panoramafenstern und dem riesigen Biergarten inmitten der Stadt ein großes Fest zu feiern. Die Leute könnten noch drum herum durch den Tiergarten laufen, sie würden die Musik hören, das aufgekratzte Lachen feiernder Frauen und das tiefe Gebrumme männlicher Großstadttänzer, sie würden bis an mein flatterndes Absperrband herantreten, um einen Blick auf diesen besonderen Ort am Wasser zu werfen. Ein paar Touristen blieben stehen und sagten

»Did you hear that? They really know how to party, they sound like animals«, und ein Spaziergänger würde erwidern: »Yes, they do. But the scream you just heard came from the zoo, it's nearby.« Eine Japanerin oder ein Inuit würden versuchen, den Kranich zu fotografieren, der auf einem der bunten Ruderboote säße, die am Steg vor sich hin schwappen. Wenn es Winter wäre, hätten sie dort, wie in den Jahren zuvor, eine kleine Anlage aufgebaut, und meine Gäste konnten sich mit roten Wangen im Eisstockschießen versuchen oder an einer der Feuerstellen die Hände wärmen, dann gingen sie wieder hinein und würden sich eine wagenradgroße Pizza bestellen, hauchdünn, in vielen Varianten, sabschig in der Mitte, mit großen Luftblasen im Teigrand. Ein paar meiner Gäste nähmen sich Stühle, die sie vor einen der vier Kaminöfen schöben, um ins Feuer zu schauen. Aber wahrscheinlich wäre eher Sommer, sodass wir alle draußen säßen, behutsam beleuchtet von zahllosen Lichterketten, die wie Girlanden an den alten Bäumen hingen. Ein paar Spatzen flögen auf die Tische, um sich routiniert und ziemlich kühn die Reste von den Tellern zu mopsen. Wenn ich also reich wäre, geschähe all das, aber eigentlich geschieht es auch so, für jeden Besucher, der diesen Ort aufsucht. Der Restaurantbetrieb läuft das ganze

Jahr über, der große Biergarten mit Weißwurst, Leberkäse, Kartoffelsalat, Pizza, Salat und Getränken ist während der kalten Monate natürlich geschlossen. Dieser Ort ist eigentlich kein Geheimtipp und war es schon vor 25 Jahren nicht mehr. Nennen wir ihn einen Klassiker, den man gezielt aufsucht, um den ruhigen Part des Tages einzuläuten oder im Ruderboot ein bisschen durch die Teiche zu gleiten. Wer ein paar Meter entfernt parkt oder noch ein bisschen laufen möchte, der spaziert am Außengehege des Zoos vorbei. Nicht erschrecken, wenn plötzlich ein Lama um die Ecke blinzelt.

46

U1 / U2 / U3 / U4 NOLLENDORFPLATZ, U1 KURFÜRSTENSTRASSE

Ein Kind der Liebe zwischen Wien und Berlin

CAFÉ EINSTEIN STAMMHAUS
KURFÜRSTENSTRASSE 58
10785 BERLIN
TEL. 030 263 9190
TÄGLICH 8-24
WWW.CAFEEINSTEIN.COM

Weltweit existieren 118 Orte mit dem Namen Berlin. Und trotzdem werden die wenigsten Menschen versehentlich im Tschad oder in Papua-Neuguinea aus dem Zug gestiegen sein, wenn sie ein Ticket nach Berlin gelöst hatten. Hier bietet die Namensdopplung recht wenig Nährboden für Missverständnisse. Bei der Vielzahl identischer Berliner Straßennamen sieht das schon anders aus. Ich zähle jeweils neun Charlotten-, Linden- und Parkstraßen; die Kirch-, Bahnhofs-, Garten- oder Goethestraße sind achtmal auf dem Stadtplan zu finden und auch von vielen anderen Straßen gibt es Namensmehrlinge.

Haben Sie das bei etwaigen Ver-

abredungen unbedingt im Hinterkopf. Und bedenken Sie, dass in dieser Stadt auch Cafés und Restaurants gleichen Namens betrieben werden. Es ist hochgradig verwirrend.

Ich komme darauf, weil ich mich – damals frisch in Berlin – für ein Rendezvous im »Café Einstein« verabredete. Die Minuten verstrichen, niemand kam. Zu einer Zeit, in der längst noch nicht jeder ein Handy besaß, musste man Situationen wie diese aushalten, grauenvoll. Der Mann, um den es ging, wartete im »Café Einstein« Unter den Linden, ich saß in einem anderen »Café Einstein« in der Kurfürstenstraße. Wir hielten den jeweils anderen für unzuverlässig und unverliebt, diese Romanze zerbrach, bevor sie begann.

Inzwischen ist »Einstein Kaffee« längst eine Marke und läuft über ein Franchise-System, es gibt also zahlreiche Filialen ähnlichen Namens. Einer meiner Lieblingsorte in Berlin ist das »Café Einstein Stammhaus« im Bezirk Tiergarten. Es wurde 1978 als typisches Wiener Kaffeehaus eröffnet und fungiert parallel längst auch als Restaurant. Die Villa, 1878 im Stil der Neorenaissance erbaut, durchlebte eine wilde Vergangenheit. In den zwanziger Jahren existierte hier ein geheimer Spielclub, in dem es die High Society der Weimarer Republik bei Champagner, Zigarren und Kaviar standesgemäß krachen ließ. Während des Nationalsozialismus bezog eine SS-Behörde die Räumlichkeiten und enteignete die jüdischen Besitzer, zwei Stolpersteine im Eingangsbereich des Hauses erinnern daran. So paradox es klingt: Den Bombenhagel des Zweiten Weltkriegs konnte die Villa unbeschadet überstehen, nicht aber die Zeit danach. Das Haus stand lange leer und drohte zu verfallen, bis eine Exil-Österreicherin an diesem Platz die Wiener Kaffeehauskultur in Berlin neu aufleben ließ. In gediegener Atmosphäre schweben schwarzweiß gekleidete Kellnerinnen und Kellner leichtfüßig über das alte Eichenparkett durch die großen, salonartigen Räume, servieren üppiges Frühstück, luftiges Wiener Schnitzel oder duftenden Apfelstrudel. Während der Sommermonate wird der Garten für Gäste geöffnet und wer erst am Abend kommt, der sollte einen Blick in den »Lebensstern« werfen. So nämlich heißt die Bar mit den holzvertäfelten Wänden und ledernen Clubsesseln in der oberen Etage, in der Sie unter anderem zwischen 150 Sorten Gin und etwa 600 Sorten Rum wählen können. Dort finden sich übrigens auch zahlreiche Obstbrände, die Ihnen dabei helfen werden, den erstklassigen Kaiserschmarrn aus dem Erdgeschoss zu verdauen.

47

U1 KURFÜRSTENSTRASSE

Einer der schönsten Hutsalons Europas

HUTGESCHÄFT FIONA BENNETT
POTSDAMER STRASSE 81-83
10785 BERLIN
TEL. 030 280 96 330
MO - SA 10-19
WWW.FIONABENNETT.DE

Es muss so um 1990 herum gewesen sein, als ich meine gute Freundin Sabine kennenlernte. Im Anschluss an eine Fernsehsendung waren mein Team und ich bei einem Aktionskünstler eingeladen, Wolfgang Flatz, ein liebevoller Wahnsinniger, ein Provokateur, der sich beispielsweise kopfüber in einer ehemaligen Synagoge als Glockenklöppel aufhängen ließ – eine sehr spezielle Performance, typisch für ihn. Sabine jedenfalls saß majestätisch als Teil seiner aktuellen Installation in einem ausladenden Kostüm aus unbenutzten Mülltüten auf einem Thron und fächerte den Ausstellungsbesuchern huldvoll nickend einen Gruß zu. Als »Die Königin«

war sie Teil der lässigen und inspirierenden Berliner Szene, die die Mauerstadt zu einem Käfig voller Narren machte – täglich fanden ungewöhnliche Ereignisse, Konzerte und Modenschauen statt. In dem Maße, in dem das Geld fehlte, wuchsen Phantasie und Improvisationstalent.
Als eine der größten Impulsgeberinnen dieser Zeit gilt die Hutmacherin Fiona Bennett, die ich eines Tages über Sabine kennenlernte. Ein Schneewittchen mit Pagenkopf, charismatisch, kreativ, elegant und warmherzig. Es ist unmöglich, aufzuzählen, wie viele spektakuläre Events sie initiierte und ausstattete, welche Leute sie zusammenbrachte, was für Ideen sie im Hinblick auf Mode, Kunst und Musik alleine oder mit anderen umsetzte. Fionas Autobiografie *Vom Locken der Federn* vermittelt tiefere Einblicke und dient zudem als Chronik der wilden Berliner Jahre vor und nach dem Mauerfall. Im Hier und Jetzt ist die gebürtige Britin Fiona Bennett die wahrscheinlich erfolgreichste und beste Hutmacherin des Landes. Ihre Kreationen sind legendär und international bekannt. Man bemüht ja gerne Hollywoodstars als Referenz: Bekannte Persönlichkeiten wie Brad Pitt oder Christina Aguilera fanden ihren Weg in diesen ganz besonderen Laden, der dem Betrachter das Gefühl vermittelt, er befände sich im Set eines prächtigen französischen Films. Oder in einem sehr ästhetischen fremden Gehirn. Oder in einer geliehenen Phantasie. Fiona würde die alltagstauglichen und ausgefallenen Hutkreationen nie nur ansprechend präsentieren – immer entwirft sie gleich auch das große Bild drum herum. Sie hat ein besonderes Gespür für Farben und Formen und verwendet nur die besten Materialien. Schauen Sie sich diesen Laden an, der von außen auch einen Blick ins Atelier ermöglicht. Schräg gegenüber finden Sie das Varieté »Wintergarten«. Dort im Souterrain haben Sie es noch mal, das

Gefühl von Phantasie oder Filmset, denn hier erschufen Fiona Bennetts Ideen in Zusammenarbeit mit ihrem Partner Hans-Joachim Böhme ebenfalls einen ganz eigenen, kleinen Kosmos. Ein Bühnenbild, in das man hineinmarschiert und staunend darin herumläuft. Im Idealfall natürlich mit einem neuen Hut auf dem Kopf.

Prenzlauer Berg, Friedrichshain

48

S-/U-BAHNHOF SCHÖNHAUSER ALLEE

Einer der ungewöhnlichsten Friseursalons der Welt

FRANK SCHÄFER UND AMANDA BETHKE
RODENBERGSTRASSE 6
10439 BERLIN
TEL. 030 411 98 078
MO, MI, FR 8-22

Wer einen neuen Zahnarzt, Gynäkologen, Autoschrauber oder Friseur sucht, verlässt sich gerne auf den Rat und die Erfahrung wohlmeinender Freunde – ein Verfahren, das sich bewährt hat. Nun ist es zu spät, Prince nach einem guten Friseur zu fragen, leider, aber Sie könnten auch mit Rammstein sprechen oder mit Nina Hagen. Selbst wenn deren Frisuren jetzt nicht unbedingt Ihren persönlichen Geschmack widerspiegeln, entsprächen die Promi-Empfehlungen doch einem gewissen Gütesiegel für Professionalität. Frank Conte Schäfer stand den genannten Stars – aber auch zahllosen Nicht-Prominenten – von Angesicht zu Angesicht gegen-

über, im Zweifel stand er hinter ihnen, mit der Schere in der Hand. Wer wiederum ihm gegenübersteht, der blickt in ein freundliches Gesicht, die Augen von einer Brille umrandet, hier und da ein paar Tattoos. Der *Tagesspiegel* nennt ihn »eine Stilikone des Ostens«, was an seiner wilden Vergangenheit liegt und vielleicht mehr noch an der Art, wie er die Welt sieht. Frank (Jahrgang 1959) stammt aus einer privilegierten DDR-Familie, sein Vater war ein bekannter Schauspieler. Der Sohn nun hatte mit dem System nicht so viel am Hut. Mit seiner überbordenden Phantasie unterflog er zudem die Erwartungen, die an ihn gerichtet waren (»Werd doch Arzt. Oder Dirigent.«), und entschied sich für seinen Traumberuf: Friseur.

Mit seiner Freundin Amanda Bethke eröffnete er 2007 einen eigenen Salon, der diese Bezeichnung weiß Gott verdient. Schon beim Hineingehen feuern die mehr als 85 Milliarden Nervenzellen eines durchschnittlichen Gehirns: Was ist denn hier los? Das Ambiente eignet sich als Konfrontationstherapie für jeden Minimalisten, denn hier existiert nicht ein freies Fleckchen, nichts ist grau, schlicht oder im rechten Winkel. Dies hier ist ein Mini-Museum des Schäfer'schen Lebens, eine Gedenkstätte auch für viele Jahrzehnte Berlin, für Mode und Exzesse, für Phantasien, Partys und Spielereien. Es kleben und hängen Fotos, Schuhe, Bilder und Puppen an den Wänden und Zimmerdecken, in den Ecken, rechts, links, oben und unten. So was hat die Welt noch nicht gesehen. Dennoch sollten Sie sich davon nicht beirren lassen: Frank und Amanda verstehen ihr Handwerk. Ihre Kunden sind keine Freaks (gut, ein paar wird es geben), sondern Nachbarn aus dem Kiez, Geschäftsleute, Stammkunden, die seit vielen Jahren hierherkommen und am nächsten Tag schnieke und gepflegt hinterm Verkaufs- oder Banktresen stehen müssen. Ob es denn auch etwas gäbe, was er nicht machen würde als Friseur. Ja, sagt Frank, Dauerwellen.

49

U2 SENEFELDERPLATZ

Schuhe nach Maß

Mit Anfang 20 hatte ich plötzlich eine Plateauschuh-Phase. Wenn ich sie trug, erschienen mir meine Beine irre lang. Der Absatz war hoch und breit, es gab kein Stöckeln, eher ein Stampfen, auch wenn ich es damals natürlich nicht so empfand. Leider existierten so gut wie keine Bezugsquellen, ich war zu spät für die Siebziger und zu früh für die Neunziger. Mit viel Glück fand ich mal ein passendes Paar in einem Secondhand-Shop oder auf Flohmärkten. Heutzutage könnte ich »Schuhe, Plateau, grün, Leder« in eine Suchmaschine tippen und hätte wenige Sekunden später Tausende von Angeboten aus Virginia, Bad Salzuflen und Rio. In einer

SCHUHMACHERIN ANNA RAKEMANN
SCHWEDTER STRASSE 18
10119 BERLIN
VEREINBARUNG UNTER
TEL. 0163 6 620 088 ODER
INFO@ANNA-RAKEMANN.DE

Zeit vor Online-Shopping aber gab es tatsächlich Dinge, die es nicht gab, und damit fand man sich ab. Als ich damals mit meiner besten Freundin für ein paar Wochen Ferien auf Bali machte, fuhren wir auf einem rostigen Moped über rumpelige Straßen und entdeckten so durch Zufall »Hero«, einen balinesischen Schuhmacher, der seine selbstgefertigten Paare neben der Straße auf einem wackeligen Holzregal drapierte. Darunter auch orthopädische Exemplare, hergestellt für den Dorfältesten, dessen linkes Bein zu kurz geraten war. Diese linken Schuhe hatten ein riesiges Plateau und wenn Hero einmal einen 7-Zentimeter-Klotz unter Schuhe bauen konnte, dann würde er es auf unser Geheiß sicher wieder tun können. Wir kratzten unser Geld zusammen und gaben zwei Paar Plateauschuhe aus gelbem und rotem Leder in Auftrag. Als wir sie nach ein paar Tagen abholten, rochen sie noch nach frischem Leim. Selbstgemachte Schuhe, wir waren so glücklich. Zu Hause trugen wir sie nie, kein einziges Mal, sie waren zu rot, zu gelb und erschienen uns aberwitzig unförmig. Wenn wir uns noch einmal Schuhe nach eigenen Vorstellungen anfertigen lassen würden, sie sähen anders aus.

Und Anna würde sie anfertigen, das ist definitiv klar.

Wer zu Anna Rakemann in den Laden kommt, der lässt die Prenzlauer Berge mit ihren Co-Working-Spaces und veganen Supermärkten hinter sich. Wie wenig Platz doch nötig ist, um eine in sich geschlossene Welt entstehen zu lassen – Anna ist Schuhmacherin, eine moderne Frau, die inmitten ihres Ateliers und ihrer Arbeitsutensilien aussieht wie ein zeitloses Gemälde: das symmetrische Gesicht, die strenge Frisur, eine Arbeitsschürze, der fokussierte Blick und ein freundliches Konzentriertsein. Viele Arbeitsschritte, die nötig sind, um ein Paar Maßschuhe herzustellen, folgen einer spannenden Choreografie. Als Akteure treten in ihren Händen auf: Leder, Holz, Stoff, Zwingen, Messer, Leim, Garn und Brennwerkzeuge. Anna ist sehr gut in dem, was sie tut, und als Besucher schaut man ihr wie hypnotisiert bei der Arbeit zu.

Als Kind musste sie wegen ihrer Sichelfüße orthopädische Schuhe tragen, die ihr gar nicht gefielen. Ging das nicht besser? Eines Tages würde sie stilvolle Schuhe herstellen, die zudem noch bequem wären. Genau das tut Anna heute mit großer Hingabe und Professionalität, wenn sie das Wunschdesign ihrer Kunden berücksichtigt und gleich noch ein Fußbett einarbeitet. Nach dem Beratungsgespräch wird ein Leisten erstellt und erst mal ein Probeschuh, bevor der fertige Maßschuh abgeholt werden kann.

Eine Frau, die ich vor ihrem Laden traf und mit der ich ins Gespräch kam, sagte mir, sie hätte das lange für eine überzogene Luxus-Sache gehalten. Mittlerweile besitze sie drei Paare, auf denen sie »himmlisch durchs Leben gehe«. Und sie ärgere sich eigentlich nur darüber, nicht eher auf die Idee gekommen zu sein. »Mein Auto bekommt ständig neue Reifen, und ich wackele auf Schuhen herum, in denen meine Füße drücken, was für ein Quatsch.« Selbst ihren Freundeskreis habe sie damit infiziert. Zum Geburtstag wünschen sich jetzt alle nur noch Geld für Maßschuhe. Ein paar Vorteile muss das Älterwerden ja haben. Neben der geistigen Reife, natürlich.

50

U 2 EBERSWALDER STRASSE

Ice, Ice Baby (und so gesund)

CALIFORNIA POPS
EBERSWALDER STRASSE 32
10437 BERLIN
NOV - MÄRZ GESCHLOSSEN
12.30-18 (BEI SCHÖNEM WETTER LÄNGER)
WWW.CALIFORNIA-POPS.DE

WEITERE FILIALE IN KREUZBERG
CALIFORNIA POPS
FALCKENSTEINSTRASSE 4
10997 BERLIN

Nie vergesse ich den Moment, als meine Freundin Lolly Berkel anrief und begeistert ins Telefon schrie, sie habe zum Geburtstag eine Eismaschine bekommen. Aber was wir auch hineinfüllten in dieses rotierende, knatternde Plastikding – heraus kam immer nur eine klebrige, mittelkalte Plörre. Schnell landete das Ding im Keller der Berkels. Vor ein paar Jahren erst, als diese omnipotenten, superteuren Küchenmaschinen auf den Markt kamen, war ich zu Gast bei meinem ehemaligen Ohrenarzt, der inzwischen Achtsamkeits-Seminare anbot. Zum Dessert verteilte er stolz selbstgemachtes Erdbeereis ohne Zucker, Milch und Sahne, »sehr gesund«. Es

schmeckte so grauenhaft wie alter Schnee, aber weil ich meinem Gastgeber gegenübersaß, stürzte ich die saure, kalte Masse unter größter Selbstbeherrschung herunter. Gesundes Eis. Das klingt toll. Bio, handmade – wunderbar. Aber ganz ehrlich: Es muss schmecken, sonst ist das alles nichts.

Und dann parkte ich mein Auto mal zufällig vor einem kleinen Eis-Laden, dessen Auslage so verführerisch und ungewöhnlich aussah, dass ich ein Foto machen musste. So eine Form von Eis am Stiel hatte ich vorher noch nie gesehen, die Vielfalt, die Farben, die Geschmackssorten. »Haben Sie schon mal probiert?«, fragte mich der Mann hinter dem Straßentresen. »Nein«, antwortete ich wahrheitsgemäß, »aber das ändern wir sofort mal.« Ich löste ein Parkticket, kramte nach meinem Portemonnaie und beschloss, mich quer durchs Sortiment zu arbeiten. Die Idee zu dieser Art von Eis am Stiel kam den Machern von »California Pops«, Jörg und Tim, bei einem Südamerika-Trip. Die dort angebotenen Paletas sind nichts anderes als Eis, das durch seinen hohen Fruchtanteil unvergleichlich gut schmeckt. »Ditt machen die mit richtig frischen Zutaten. Ick gloob, da wird gar keen Magnum verkooft. Eigentlich geil, dachten wir, machen wir das doch in Berlin.« Zwei Läden besitzen die beiden, und die Leute rennen ihnen die Bude ein. Ihr selbstgemachtes Eis besteht ausschließlich aus natürlichen Zutaten, in der Regel Bio-Produkten, Naturjoghurt, Bio- und Hafermilch. Auf Konservierungs- und Farbstoffe wird komplett verzichtet. Auf Zucker zu verzichten ist nicht möglich, jedenfalls, wenn es so schmecken soll, wie es schmeckt. Dennoch wird der Anteil auf ein Minimum reduziert, was sich beim Geschmack übrigens nicht bemerkbar macht. Und weil es Berlin ist, gibt es selbstverständlich auch ein großes veganes Sortiment mit zahlreichen Varianten wie z. B. Gurke, Zitrone, Mango oder Erdbeere. Irritierend daran ist für mich lediglich, dass es schmeckt. Und sollte hier der Eindruck entstanden sein, die von mir gepriesenen Varianten klängen viel zu vernünftig – Gurke, Früchte, das seien Desserts wie gefrorenes Yoga –, dann möchte ich folgende Stichworte ins Spiel bringen: »Cheesecake-Quark«, »Weiße Schokolade mit Matcha-Tee« oder »Cashew-Nuss mit dunkler Schokolade«. Let's go crazy.

51

U 2 EBERSWALDER STRASSE

Wann haben Sie das letzte Mal Billard gespielt?

POOL & CIGARS
SCHÖNHAUSER ALLEE 36
10435 BERLIN
TEL. 030 405 00 436
MO - FR AB 17, SA - SO AB 13
WWW.POOLANDCIGARS.DE

Für meine Freundin und mich hieß der mit Abstand interessanteste Typ unserer Jugendzeit nur »der Schwarze«, was sich von seinem Kleidungsstil ableitete. Gut, in den Achtzigern und frühen Neunzigern, einer ästhetisch heiklen Zeit, ging man mit Schwarz auf Nummer sicher. Menschen saßen auf Sofas mit schwarzem PVC-Bezug, ertasteten vorsichtig die Konturen ihrer bis zur Unbeweglichkeit gestylten Haare und prosteten sich mit Leonardo-Gläsern zu, die einen schwarzen Stiel hatten. Schwarz kontrastierte dankbar zu Neonkram und anderen modischen Querschlägern, die sich heute entgegen aller Erwartungen auf den vordersten Sitzreihen des

Retro-Modezugs lümmeln. »Der Schwarze« kleidete sich in Anzüge aus feinstem Zwirn. Seine schwarzen Haare trug er aus dem kantigen Gesicht gekämmt, er war irgendwas zwischen Nick Cave und David Bowie und damit in einer Liga, die so supercool war, dass nicht mal wir, die eigentlich ziemlich Coolen, es wagten, ihn anzusprechen. Wir erfuhren daher auch nie seinen Namen, was sich mit Sicherheit positiv auf die Legendenbildung auswirkte, denn jeder Name außer »John« hätte das Mysterium entzaubert. Immer kam und ging er allein, in jede Bar, jeden Club und jede Disco, und immer hoffte ich darauf, er möge tanzen, denn seine Bewegungen erschienen mir unendlich erwachsen und sexy. Beim Billardspielen verzog er keine Miene und natürlich gewann er meistens, alles andere war gar nicht vorstellbar. Es faszinierte mich, wie er den Tisch scannte, lässig die Spitze des Queues in die Ausbuchtung des hellblauen Kreidequaders drehte, sich elegant wie ein Jaguar in Stellung brachte und die Kugel dann versenkte, den Kopf nahe am grünen Filz. Ich spielte damals selbst ganz gut Billard, wir reden hier von der Pool-Variante, sechs Löcher, weiße Kugel, schwarze Acht, aber gegen einen wie ihn wäre ich niemals angetreten. Einer der begehrtesten Tische stand in einem Club namens »Pasta Basta«. Die Regeln waren klar: Der Gewinner bleibt am Tisch, jeder Herausforderer musste eine Mark an den Spielfeldrand legen. Wer Pech hatte, bekam das krumme Queue, konnte dann aber auch jedwedes Vergurken genau darauf schieben. Wenn viele Leute um den Tisch herum standen, spielte man automatisch ambitionierter oder bekam gar nichts mehr auf die Reihe. Damals wie heute herrscht normalerweise eine angenehme Ruhe beim Billardspielen, als würde man zwei Darsteller bei einer Aufführung beobachten. Für alle, die Lust darauf haben, diesem Spiel mal wieder aktiv oder passiv beizuwohnen, ist das »Pool and Cigars« ein guter Platz. Dieser loft-artige Raum verströmt etwas Meditatives, wozu die Geräuschkulisse sicherlich beiträgt, denn auf einem der 15 Tische, über denen kupferne Lampen warmes Licht verströmen, wird garantiert eine Kugel angestoßen, tttklackkkk. Erfreulicherweise ist das Publikum gemischt, hier spielen Anfänger und Fortgeschrittene, Männer und Frauen, Freunde und Fremde. Wer alleine kommt, kann erst mal an der Bar Platz nehmen und alles auf sich wirken lassen. Ein Spielpartner findet sich problemlos.

Das »Pool and Cigars« befindet sich auf dem weitläufigen Gelände der Kulturbrauerei mit ihren großartigen Kinos, dem Frannz Club, dem Soda Club, einem Museum, zwei Theatern, einer Tanzschule und so vielem mehr, dass darüber bestimmt schon ein gesondertes Buch geschrieben wurde. Ein Besuch lohnt sich in jedem Fall.

Vorhin zögerte ich kurz, als ich Billard mit Schach vergleichen wollte, die Ruhe, die Konzentration, die Ernsthaftigkeit, und schon fällt mir zufällig ein Zitat von Albert Einstein in die Hände: »Billard ist die hohe Kunst des Vorausdenkens. Es ist nicht nur ein Spiel, sondern in erster Linie eine anspruchsvolle Sportart, die neben physischer Kondition das logische Denken eines Schachspielers und die ruhige Hand eines Konzertpianisten erfordert.«

Eine Sache noch: Wenn Sie John sind, melden Sie sich bitte.

52

S-BAHNHOF BORNHOLMER STRASSE

Hier fiel die Mauer zuerst

Wer das Video »Billie Jean« von Michael Jackson kennt, der erinnert sich auch an diese eigenartige Studio-Hafenkulisse, durch die der Sänger läuft und wo immer seine Schuhe den Boden berühren, erscheint ein Licht. Könnten Berlins Bodenplatten beim Flanieren aufleuchten an Stellen, an denen bedeutsame Dinge passierten, dann würde es sehr hell sein in dieser Stadt und eine der hellsten Stellen wäre mit Sicherheit die Bornholmer Straße mit der Bösebrücke. Hier am ehemaligen Grenzübergang fiel am 9. November 1989 eigentlich zum ersten Mal die Mauer in Form eines Schlagbaums, den zahllose Frauen- und Männerarme enthusiastisch und ungläubig von

BÖSEBRÜCKE
BORNHOLMER STRASSE
10439 BERLIN

einer mürrischen Horizontale zu einer unmissverständlichen Vertikale anhoben. Dies war die erste Stelle, an der sich eine Grenze öffnete, die von so vielen Menschen über einen so langen Zeitraum nie legitimiert oder toleriert wurde.

Dem voraus ging die Pressekonferenz, in der eine neue Reiseregelung vorgestellt wurde, die es DDR-Bürgern ermöglichen sollte, aus-, aber dann auch bitte wieder einzureisen. Günter Schabowski vom Politbüro des ZK der SED fädelte die Worte routiniert emotionslos auf eine Schnur, bis sich das Band dann durch die Nachfrage eines Journalisten, wann diese neue Regelung denn eintrete, hoffnungslos verhedderte. »Das tritt nach meiner Kenntnis ... ist das sofort, unverzüglich.« Er irrte sich, eigentlich sollte noch ein Tag ins Land gehen, die Strukturen waren noch gar nicht geschaffen, die Informationen hatten längst nicht alle Verantwortlichen erreicht, es gab noch keinen fertigen Plan. Aber: zu spät. Als hätte Schabowski eine Flasche Brause geöffnet, die zuvor kräftig geschüttelt wurde, machten sich sofort Hunderte, wenig später Tausende DDR-Bürger auf den Weg zu den Grenzübergängen, neugierig, ausgelassen, ungeduldig. Stimmte das alles? Würde es morgen noch so sein? Die Menschentraube an der Bornholmer Straße schwoll minütlich an. Die Grenzsoldaten versuchten, die Lage unter Kontrolle zu bringen, mit Worten, was auch im Nachhinein noch erstaunlich ist, denn natürlich war jedem, der an diesem Abend dort war, bewusst, dass über all der Euphorie das Wissen um den Schießbefehl schwebte. Würde einer der Grenzer die Nerven verlieren und in die Menge schießen? Einige Menschen sangen, einige kletterten auf den antifaschistischen Schutzwall, man hievte sich gegenseitig hoch und rutschte wieder ab oder saß plötzlich auf dieser eigenartigen Mauer. Wie es weiterging, ist bekannt. Dass es hier begann, nicht unbedingt jedem, daher helfen Infotafeln mit Fotos und Texten nordöstlich der Bösebrücke, arrangiert zu einer permanenten Ausstellung, open air und frei zugänglich. Wenn sich dieses Datum jährt, findet auf dem Gelände des ehemaligen Grenzübergangs eine ökumenische Andacht statt. Wenn Sie schon mal dort vor Ort sind: Überqueren Sie die Straße vorsichtig und schauen Sie von der anderen Seite der Brücke über zahllose Gleise in die Ferne. So viel Weite gibt's in Berlin nämlich selten.

53

S-/U-BAHNHOF WARSCHAUER STRASSE

Ein Patchworkteppich wilder Locations

RAW-GELÄNDE
REVALER STRASSE 99
10245 BERLIN

Bei meinem ersten Besuch auf dem RAW-Gelände hatte ich das Gefühl, ich sei in das Innere eines Kaleidoskops gerutscht, was im Übrigen eine höchst reizvolle Vorstellung ist. Vieles auf dem großen Areal der ehemaligen Königlich Preußischen Eisenbahnwerkstatt direkt neben der Warschauer Straße war noch in der Mache oder sah zumindest so aus, hier ein Club, dort eine Bar, aber schon jetzt war klar, dass wieder so ein kleines gallisches Dorf entstanden war, errichtet von kämpferischen Kreativen oder kreativen Kämpfern, die zumeist das Gute wollen und das Außergewöhnliche schaffen. Vorhandenes wurde genutzt, Fehlendes durch Improvisation

ersetzt und fast jeder Winkel ist illustriert durch die leuchtend bunte Make-up-Schicht zahlloser Street-Art-Künstler.
Was etwa 130 Jahre als Bahnwerk diente, hat sich Anfang der Jahrtausendwende langsam und trotzig zu einem quirligen Quartier entwickelt, das keinem höheren Ziel folgte, und wenn, dann hieß es jedenfalls nicht Rendite oder Gewinnmaximierung. Inzwischen wird hier getanzt, gegessen und getrunken, flaniert und gefeiert, es gibt unter anderem die wunderbare Urban Street Gallery »Urban Spree« mit Biergarten und Kunst-Shop, einen Flohmarkt, Clubs wie das Cassiopeia oder den Haubentaucher, das Astra-Kulturhaus und eine Skaterhalle, es finden Konzerte statt und Veranstaltungen. Bis heute ist das Raue geblieben, der Charme und das Flair, aber natürlich haben sich andere Attribute dazugesellt. Eine Zeitlang geriet das RAW in eine bedrohliche Schieflage: Überfälle, Körperverletzungen, Drogenhandel, unklare Zukunft. Momentan ist die Kriminalität rückläufig, was sicherlich den Security-Einsätzen des neuen Investors zuzuschreiben ist. Da ist es, Investor, das Reizwort. Exemplarisch für so viele Orte in dieser Stadt steht auch auf dem RAW-Gelände die Alternativkultur mal wieder ziemlich schutzlos zwischen ihren beiden Widersachern: dem Selfie-Promille-

easyJet-Tourismus auf der einen, den Investoren und Gentrifizierern auf der anderen Seite. Hier treffen sie alle aufeinander, mit dem Zusatz, dass es in diesem Fall aber nicht zum fiesen und tränenreichen Showdown kommen muss. Der aktuelle Besitzer wird einen Teil des Geländes neu bebauen, so viel ist klar – der unkonventionelle Charakter dieses Ortes solle aber erhalten bleiben, heißt es. Möglicherweise hegen die Investoren ja Sympathie für das bunte Treiben. Oder sie sind clever genug, zu realisieren, dass ein Fortbestand der RAW-Institutionen mit ökonomischen Interessen einhergehen kann, denn für zahlreiche Berliner und Touristen ist dieses Gelände saisonunabhängig »the place to be«. Bis zu dem Tag jedenfalls, an dem jemand den Fehler macht und die ganze Chose totsaniert.

In irgendeinen sauren Apfel werden die Anwohner und Gestalter der alternativen Projekte sicherlich beißen müssen; entscheidend ist, dass es für die meisten an diesem Ort weitergehen kann. Und dass die Errungenschaften einer alternativen Kulturszene, die das Ganze ins Rollen brachte, nicht zur bloßen Kulisse verkommen – aber das werden die nächsten Jahre zeigen. Bis dahin wird gefeiert und getrunken, gesungen und gekauft, protestiert und getanzt, gekämpft, gefeilscht und gejubelt.

Marzahn

54

TRAM 62 / 63 EICHENHOFWEG

Unverhofftes Idyll unweit der Betonburgen

HABERMANNSEE
KAULSDORFER SEEN
12621 BERLIN

»Es gibt einen Trick«, sagte Frau Werle, meine erste Klassenlehrerin, »wenn ihr Schwäne malen wollt. Fangt an mit der Ziffer 2, damit habt ihr schon mal die Form.« Recht hatte sie. Ich malte mit großer Begeisterung eine Zeitlang fast ausschließlich Schwäne, so wie ich in der Phase zuvor eine Zeitlang fast ausschließlich Tintenfische und in der Phase davor wie besessen Chinesinnen gemalt habe, alle trugen sehr große, dreieckige Hüte, an denen hinten ein Zopf klebte, das kannte ich vom Fasching.

Jetzt also Schwäne, majestätische Vögel, nie waren sie schmutzig, hatten freundliche Gesichter und liebten ihre Kinder, ob-

wohl die strubbelig und grau aussahen. Wenn ich mit meiner Oma spazieren ging, nahmen wir altes Brot mit, das wir ihnen von einer kleinen Brücke aus zuwarfen, und die Enten ärgerten sich, denn sie waren zwar wendiger und schneller als die großen, heldenhaften Schwäne, aber um ihnen etwas wegzuschnappen, empfanden sie zu viel Respekt. Ich übrigens auch, denn ich hatte von einem Mädchen aus der Parallelklasse gehört, das von einem Schwan angegriffen und fast verschluckt worden wäre. Dafür gab es angeblich einen Augenzeugen, aber ich glaubte es auch so, schließlich wusste ich aus dem *Kleinen Prinzen*, dass selbst eine Schlange einen Elefanten in einem Stück hinunterschlucken konnte, es gab ja sogar eine Zeichnung davon.

Als ich vor ein paar Jahren einen gebrauchten Schreibtischstuhl erstand, der in Kaulsdorf abzuholen war, tuckerte ich ein bisschen durch diese mir bis dato unbekannte Gegend und stieß, unverhofft und staunend, auf einen mittelgroßen See, umgeben von Schilf, Laub- und Nadelbäumen; ein Biotop, nur einen beherzten Steinwurf von all den Plattenbauten in Marzahn entfernt. Es war noch früh am Tag und niemand außer mir schien auf die Idee gekommen zu sein, diesen Platz, den die Morgensonne beschien, aufzusuchen. Niemand außer einer Schwanfamilie, die sich als Eigentümer des Sees begriff und meinem neugierigen Hund unmissverständlich zu verstehen gab, ihr bitte keine weitere Aufmerksamkeit zu schenken. Die Warnung war laut, »ffffchhhhhhh«, der Auftritt dramatisch, zumal die Spannbreite eines Schwanflügelpaares mehr als zwei Meter umfassen kann. Wir wichen synchron zurück und setzten unseren Spaziergang um diesen zauberhaften See fort.

Wie seine nahe gelegenen Geschwister Elsensee und Butzer See, entstand der Habermannsee durch das Abtragen von Kies und Sand, Materialien, die für die Neubaugebiete in Hellersdorf und Marzahn benötigt wurden. Grundwasser und Regen gingen in den riesigen Gruben eine glückliche Allianz ein, und fertig waren die Seen, die übrigens über Trinkwasserqualität verfügen. Aale, Hechte und Plötzen schwimmen hier ganzjährig herum, in den Sommermonaten gesellt sich noch eine zumeist überschaubare Anzahl von Menschen hinzu, die erfreulicherweise darauf bedacht sind, diesen Platz bei allem Spaß verantwortungsvoll zu nutzen und jedweden Abfall wieder mitzunehmen. Ein ideales Modell für die Stadt und ihre in- und umliegenden Seen. Und Parks. Und überhaupt.

55

S5 BIESDORF

Kulturzentrum mit Bildungsauftrag und leckerem Kuchen

SCHLOSS BIESDORF UND ZKR-ZENTRUM FÜR KUNST UND ÖFFENTLICHEN RAUM
ALT-BIESDORF 55
12683 BERLIN
WWW.ZKR-BERLIN.DE

Im Großen und Ganzen bin ich ein ordentlicher Mensch. Dies gilt unerfreulicherweise nicht für den ganzen schriftlichen Kram, für Belege, Rechnungen und Quittungen. Wenn die jährliche Steuererklärung ansteht, sieht meine Wohnung tagelang aus, als hätte jemand einen Mikrofilm mit kompromittierenden Fotos gesucht und alles auf den Kopf gestellt. Überall Zettel, Hefter, aufgezogene Schubladen. Frau Strengmann, meine Steuerberaterin, pocht Jahr für Jahr auf Bescheinigungen, die sie dringend braucht, die mir aber ganz sicher nie zugeschickt wurden. »Doch, Frau Rust«, sagt sie dann, »die müssen Sie haben«, ich entgegne »Hab ich nicht«, sie er-

widert »ganz sicher«, nach Stunden schicke ich ihr einen Scan: »Meinen Sie dies hier?«, und sie schreibt zurück: »Sag ich doch.« Es ist wie ein Theaterstück, das wir seit vielen Jahren mit den gleichen Dialogen und ohne Publikum aufführen. Dann packe ich den ganzen Klumpatsch in eine große Tasche und mache mich auf den langen Weg zu ihr nach Jotwede, raus aus der Stadt, ans Ende der Welt. Ich mag Frau Strengmann sehr, aber der Weg in ihr Büro stimmt mich schwermütig. Asphalt. Tristesse. Da ist diese eine, endlos lange Straße stadtauswärts, 20 Minuten unentwegt geradeaus Richtung Osten, rechts und links nur Outlets, Autohändler, Möbel-Discounter und Matratzen-Lager. Eines Tages fuhr ich in eine der schmalen Querstraßen, weil ich den Hund dabeihatte, der noch ein bisschen Auslauf brauchte. Ich stellte den Wagen ab und ging an Wohnhäusern vorbei auf einen Park zu, dessen hohe Bäume den Blick frei gaben auf ein herrschaftliches roséfarbenes altes Haus. Wie ich erfuhr, handelte es sich dabei um das Schloss Biesdorf. Hier residierte einst die Familie Siemens, die auch den landschaftlichen Park anlegte, bevor der Besitz Ende der zwanziger Jahre an die Stadt Berlin überging. In den fünfziger Jahren fungierte die zweigeschossige Turmvilla als Kreiskulturhaus. Mehr als ein halbes

Jahrhundert später finden hier wieder Veranstaltungen statt, Schloss Biesdorf beherbergt nun das »Zentrum für Kunst und öffentlichen Raum« (ZKR). Wechselnde Ausstellungen bilden internationale zeitgenössische Kunst ab. Ein Hauptaugenmerk liegt auf dem Damals, auf Parallelen und möglichen Bezügen zu Kunst in der DDR. In der Selbstdarstellung, also auf ihren Websites, beschreiben Kunst- und Kulturträger ihre Programme gerne ein bisschen hochtrabend und für mein Empfinden mitunter einen Hauch zu abstrakt. Dann fallen Formulierungen von der »Gestaltung gesellschaftlicher Diskurse«, von der »Ausrichtung des öffentlichen Raumes in Bezug auf die Stadtentwicklung« und so weiter. Nicht wegen, sondern trotz dieser Umschreibungen wurde ich neugierig und schaute mir später eine Fotoausstellung an.

In meinem Fall war's das zufällige Abbiegen in eine mir unbekannte Querstraße, vor Ort lockte mich ein süßer Duft ins Innere des Gebäudes, denn das Café im Schloss verkauft hervorragenden selbstgebackenen Kuchen. So setzte ich mich mit einer Tasse Kaffee auf die herrschaftliche Veranda, betrachtete die Skulpturen im Park und schickte Frau Strengmann eine SMS, in der stand, dass ich mich um eine halbe Stunde verspäten würde. »Stau?«, schrieb sie. »Nee«, schrieb ich zurück, »im Gegenteil. Bin wunderbar entspannt.«

Oberschöne-
weide

56

S3 BETRIEBSBAHNHOF RUMMELSBURG

Konzerte, Märkte und DDR-Geschichte

FUNKHAUS NALEPASTRASSE
NALEPASTRASSE 18
12459 BERLIN
TEL. 030 120 85 416
WWW.FUNKHAUS-BERLIN.DE

MILCHBAR IM FUNKHAUS
MO - FR 10-19, SA - SO 11-18

TIPP

WER TIEFER IN DIE FUNKHAUS-GESCHICHTE VOR UND NACH DER WENDE EINSTEIGEN WILL, KANN AN EINER FÜHRUNG TEILNEHMEN (15€, INFO@DDR-FUNKHAUSTOUR.DE).

Die Worte Brummschleife, Gesamtklirrfaktor und Knüppelstereophonie stammen allesamt aus dem Bereich der Akustik. Fachtermini sind wunderbar, besonders für Außenstehende. Die Idee für einen Blick ins Akustik-Glossar kam mir, als ich bei einer Lektüre über das Funkhaus Berlin auf den Begriff »Flatter-Echo« stieß. Ein »Flatter-Echo« nämlich ist dort, in den Studios im Bezirk Oberschöneweide, nicht auszumachen und darauf ist man zu Recht stolz. Klar, immerhin beherbergt das ehemalige DDR-Rundfunkgelände einige der renommiertesten Tonstudios weltweit.
Wer das Gelände an der Nalepastraße erreicht, betritt ein gro-

ßes, mit mehreren Gebäuden bebautes Areal direkt am Spreeufer gelegen, durchzogen von ein paar Wegen, dazwischen kleine Wiesen und alte, hohe Bäume. Der gesamte Komplex wurde Anfang der fünfziger Jahre aus einer nicht vollständig vom Krieg zerstörten Furnier-Fabrik erbaut. Er gehört zu den außergewöhnlichsten Bauwerken der DDR-Regierung und steht in Teilen unter Denkmalschutz. Der verantwortliche Architekt, Grafiker und Designer Franz Ehrlich war Bauhaus-Schüler und arbeitete eine Zeitlang im Büro von Walter Gropius. Die konzeptionistischen und ästhetischen Anleihen dieser Zeit sind unübersehbar. In den vier Gebäudekomplexen sind heute Konzertsäle, Studios, Veranstaltungsräume und Künstlerateliers untergebracht.

Von 1951 bis 1990 produzierten und sendeten von hier aus alle zentralen Radioprogramme der DDR, der Ort galt als Gegenstück zum West-Radio und fast 5000 Menschen, die hier bis zur Wende arbeiteten, trugen dazu bei. Unter idealen Bedingungen wurden und werden in den Studios Hörspiele und Musikaufnahmen produziert, die unter Toningenieuren und Musikern als einzigartig gelten. Der große Sendesaal im Obergeschoss ist mit seiner legendären Ton-Architektur das Herzstück der Anlage und die Liste internationaler Künstler und Orchester, die ihre Werke hier aufnahmen, ist lang. Sie reicht von Depeche Mode über Sting bis hin zu Daniel Barenboim oder Kent Nagano, die diesen Platz als ideal für die Produktion von Opern und Sinfonien erachten.

2015 fand ein Eigentümerwechsel statt. Das Konzept der neuen Betreiber belässt den Fokus auf hochwertigen Musikproduktionen. Zudem soll das Gelände aber mehr und mehr auch als Veranstaltungsort für Märkte (z. B. den Vegan Food Market), Messen oder Konzerte etabliert werden. Die Gastronomie ist längst da: In den von der alten Mid-Century-Innenarchitektur geprägten Räumen findet sich die »Milchbar« mit Mittagstisch und einer wechselnden Tageskarte.

tribeca
SUSHI

THE
GREEN
MARKET
BERLIN

Lübars

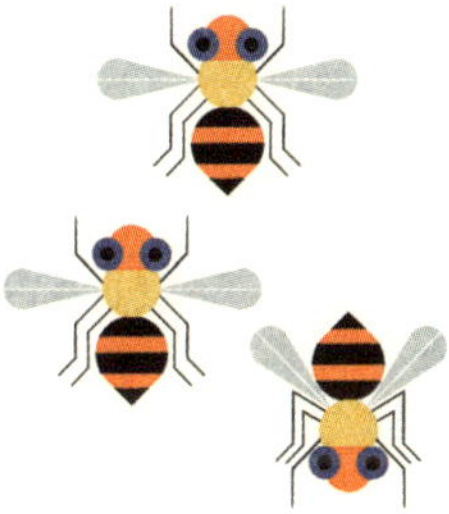

57

BUS X 21 QUICKBORNER STRASSE, BUS 222 ZABEL-KRÜGER-DAMM

Pferde, Felder, frische Luft

»ALTER DORFKRUG«
ALT-LÜBARS 8
13469 BERLIN
TEL. 030 922 10 230
DO - SO 12-21

KRÄUTERHOF LÜBARS
BERLINER WERKSTÄTTEN FÜR MENSCHEN MIT BEHINDERUNG
ALT-LÜBARS 15
13469 BERLIN
TEL. 030 390 960
MO - DO 10-15, FR 10-12.30

Meine Freundin Lizzy wollte die Stadt nicht verlassen, »Ich liebe Berlin. Auf dem Land geh ich ein wie 'ne Primel«, wohingegen Lutz, der nicht nur namentlich hervorragend zu ihr passte, ohne Landflucht zu explodieren drohte: »Wenn ich diesen Verkehr hier noch länger ertragen muss, raste ich aus.« Lutz und Lizzy. Ein ideales Paar. Bei diesem akuten Thema nun schien sich aber kein Konsens abzuzeichnen, schlimmer noch: Wie zwei tektonische Platten klafften sie von Monat zu Monat weiter auseinander und man mochte sich gar nicht ausmalen, wozu es kommen könnte, wenn sich nicht bald eine Lösung abzeichnen würde. Freunde schenkten Well-

ness-Wochenenden und Tanzkurse, die nichts brachten. Als das Hin und Her zu einem handfesten Konflikt anzuschwellen drohte, nahmen sie ihr Kind aus der Schusslinie und brachten es in den Sommerferien bei einer befreundeten Familie mit gleichaltriger Tochter unter.

Nach drei Tagen rief das Kind an. Die Eltern rechneten mit Heimweh, wurden aber umgehend aufgefordert, doch bitte mal die verstaubten Reitklamotten aus dem Keller zu holen und vorbeizubringen. Sie setzten sich ins Auto und fuhren los. Lübars liegt im äußersten Norden Berlins, mit einem Fuß schon fast auf der Grenze zu Brandenburg, von Mitte oder Charlottenburg aber auch nicht weiter als 25 Minuten entfernt. Der Weg dorthin führte die beiden durch Teile der Stadt, die Lutz als »hässlich, hässlich!« bezeichnete, Straßen mit Discountern, abgeranzten Döner-Buden und Spielhallen, an komischen Wohnblöcken vorbei, sicherlich nicht die reizvollste Gegend, das musste selbst Lizzy einräumen. Dann das Märkische Viertel, ein Schock, Plattenbauten, eine Trabantenstadt im Bezirk Reinickendorf, Sido kommt von hier, o weh, langsam verstehe ich Lutz, dachte Lizzy. Und plötzlich, wie aus dem Nichts, ein Kulissenwechsel, wie er überraschender nicht sein könnte, von einer Sekunde auf die andere. Links noch Beton, rechts schon weite Felder, Wiesen, ältere Häuser, Pferde. Das war Lübars. Dort sind sie dann übrigens hingezogen, mit ihrer Tochter. Es war der beste Kompromiss, den sie eingehen konnten, ein Geschenk, denn wer in die große Stadt will, der hat es nicht weit. Und wer die Natur braucht, der ist hier richtig. Wie ein historisches Ausrufezeichen wirkt die barocke Dorfkirche aus dem 18. Jahrhundert. Hier gibt es einen Freizeitpark, viele Pferdekoppeln, ein Freibad und eine Jugendfarm, die aber weniger auf Beauty abzielt als darauf, Kinder an Tierhaltung heranzuführen. Der Alte Dorfkrug sieht genau so aus, wie ein alter Dorfkrug aussehen muss, mit Terrasse, Biergarten und großem Festsaal. Als ich zum ersten Mal dort war, rechnete ich jeden Moment damit, mit dem Kopf gegen die Wand einer Glasglocke zu stoßen, die sich doch bestimmt schützend über einen Ort wie diesen gelegt haben muss, um ihn zu konservieren, aber die Glaswand kam nicht. Wie es auch gelang, den dörflichen Charakter des Ortsteils zu bewahren – es ist geglückt. Wer selbst auf dem Land lebt, muss Lübars nicht zwingend besuchen. Wer aber die Kontraste dieser Stadt kennenlernen will, der sollte es sich ansehen. Nach einem langen Spaziergang durch die Niedermoorwiesen gibt's ein frisches Stück Kuchen im Dorfkrug. Denn auch ditt is Berlin.

Quer durch die Stadt

58

Dr. Fisch: Der Forellenflüsterer zieht von Markt zu Markt

JÜRGEN FÜRGUT
MI 10-14 UHR WINTERFELDTPLATZ
DO 12-17 UHR BRESLAUER PLATZ
FR 12-19 UHR ARKONAPLATZ
SA 10-16 UHR WINTERFELDTPLATZ
WWW.STECKERLFISCH.COM

Der Tag, an dem ich beschloss, nach Berlin zu ziehen, war sonnig und warm. Mein alter Freund Jörg, bei dem ich übernachtete, schlug vor, auf dem Markt zu frühstücken. Zwischen mir und der Stadt gab es längst eine Affäre, aber dass wir eine gemeinsame Zukunft haben würden, entschied sich genau jetzt. Wir schlenderten die Winterfeldtstraße entlang, und als ich das Gewimmel rund um den Marktplatz sah, all die Leute, die draußen in den Cafés saßen, in ihre Croissants bissen, Zeitung lasen oder miteinander ins Gespräch kamen, Passanten, die riesige Blumensträuße trugen – als ich den Geruch von Crêpes, Bratwurst und frischem Fisch wahr-

nahm, da war es für mich klar. Hier wollte ich leben. Drei Wochen später zog ich her.
Nun geht von Märkten ja generell ein besonderes Flair aus. Über 250 Wochenmärkte gibt es allein in Berlin, und ich würde mal davon ausgehen, dass auf fast allen gute (Bio-)Lebensmittel und Blumen verkauft werden. Zu meinen Favoriten zählt nach wie vor der Markt am Winterfeldtplatz, der samstags (groß) und mittwochs (kleiner, im eisigen Winter eher sehr klein) stattfindet. Ich habe ein paar Lieblingsstände dort, u.a. Ergün, den freundlichsten Käseverkäufer der Welt, dessen Sortiment nicht nur exquisit ist – er besteht auch auf direkter Verkostung. Ich kann ihn freimütig als meinen Dealer bezeichnen, denn auch Käsesucht ist eine Abhängigkeit. Fragen Sie ihn nach dem »Herzensbrecher« und »Roten Teufel«. Sie werden mich verstehen.
Und dann ist da mein Dr. Fisch, den nur ich so nenne, eigentlich heißt er Jürgen und sein Stand »Steckerlfisch«. Bei Wind und Wetter steht er gut gelaunt unter seinem roten Pavillon und grillt mit leidenschaftlicher Hingabe frische Makrelen und Pulpo, Doraden, Wolfsbarsch und Lachsforellen. Dazu gibt's kleine Beilagen, frisches Brot und selbstgemachten Kartoffelsalat. Jürgen stammt aus einem kleinen Dörfchen am Rande des Ammersees, wo er schon als Bub angelte. Mit vierzehn bestand er die Fischer-Prüfung, studierte Landschaftsbaulehre in Berlin und wollte eigentlich nach vier Jahren wieder gehen. Mittlerweile lebt er seit über 20 Jahren hier, glücklich, mit Frau und Kindern. Wie gehen Landschaftsbau und Fisch zusammen? »Du, des war net so, wie man sich's immer vorstellt mit Blümchen hier und Bäumchen dort. Des war richtig Bau, mit Ellebogen und Schikanen. Nein, Bettina, so bin i net. Als Bauleiter musst immer lügen. Wo sind Ihre Leute, wann wird die Baustelle fertig, i wusst net mehr – lüg i mir in die eigne Ta-

sche? Da hob i zu meiner Frau gsagt: Du, wenn i des weiter mach, dann bin i in zwei Jahrn auf der Insel, aber mit der Jacken verkehrt herum. Ohne Quatsch.«
2007 machte er sich selbstständig, mit 35 Jahren, »am 1. April, und weißt was? I moch das immer noch so gern wie am erstn Tag.«
Man merkt ihm das an. Dieser Mann ist ein einzigartiger Performer am Grill, seine Ware ist frisch und lecker, das Preis-Leistungs-Verhältnis super. Und mich entbindet dieser Tipp dazu noch von der schweren Last, Ihnen nur einen Markt zu empfehlen, denn Steckerlfisch finden Sie zudem noch donnerstags am Breslauer Platz und freitags am Arkonaplatz.

59

Flohmärkte: ... denn Finden macht seliger als Suchen

WILMERSDORF:
MECKLENBURGISCHE STRASSE 32
14197 BERLIN
SO 8-16

TIERGARTEN: STRASSE DES 17. JUNI
10623 BERLIN
SA - SO 10-17

PRENZLAUER BERG: ARKONAPLATZ
10435 BERLIN
SO 10-16

FRIEDRICHSHAIN: BOXHAGENER PLATZ
10245 BERLIN
SO 10-18

SCHÖNEBERG: JOHN-F.-KENNEDY-PLATZ
10825 BERLIN
SA - SO 8-16

Mit fünf oder sechs Jahren begleitete ich meine Mutter zum ersten Mal auf einen Flohmarkt. Sie interessierte sich für ein Kunstplakat und schacherte so lange mit dem Verkäufer herum, bis ich vor Scham im Erdboden versank. Ein paar Stunden später hing es bei uns im Flur. Mir tat der Verkäufer entsetzlich leid. Wie konnte meine Mutter ihm so selbstbewusst einen neuen Preis vorschlagen? Im Supermarkt ging das doch auch nicht.
Handeln kann eben nicht jeder. Eine Feilscherin wurde aus mir nie, eine eingefleischte Flohmarktgängerin bis zum heutigen Tag sehr wohl. Was ich im Laufe der Jahre zu mir nach Hause schleppte, könnte eine Reihe von

Hochhäusern füllen. Vasen, Pullover, Sessel, Lampen: Ich mag den Recycling-Gedanken. Du willst es nicht mehr? Gib es mir, hier lebt es weiter. Und ich mag, dass die Dinge bereits eine Vergangenheit haben, auch wenn ich sie niemals kennen werde. Zudem sind Flohmärkte perfekte Orte, um das Leben anderer zu studieren. Warum sammelt jemand über Jahrzehnte Eulen-Anstecknadeln? Wurden die benutzt oder lagen sie nur in einem Kästchen herum? Und was ist der Grund, dann, nach 30 Jahren des Sammelns und Suchens, von einem Tag auf den anderen zu sagen: »So, Freunde, das war's, ich kann keine Eulen-Broschen mehr sehen, die 50 Exemplare hier verticke ich auf dem Flohmarkt«? Spannend. Ein stilles Soziogramm sind immer auch Bücher. Wer die Werke »Glücklich über 50«, »Glücklich ohne Zucker« und »Glück – Was ist das?« verkauft, der hat's vielleicht geschafft. Vielleicht hat er auch aufgehört, das Glück zu suchen und wartet nun geduldig darauf, dass es ihn findet. Es gäbe die Gelegenheit, nachzufragen. Bei Flohmarktgesprächen kann es passieren, dass man gedanklich mit allem in Berührung kommt, was auf der weiten Skala zwischen Freud und RTL2 liegt. Vorausgesetzt natürlich, man sucht den Austausch.

Wer auf Nummer sicher geht und es eher gediegen mag, der besucht den Alpharüden unter den Flohmärkten am 17. Juni. Hier verkaufen hauptsächlich Händler, die Sachen sind in der Regel nicht billig, aber dekorativ und oft auch außergewöhnlich. An diesem Ort geht es weniger ums Suchen als ums Finden. In den Sommermonaten zieht es mich oft auf den Flohmarkt an der Mecklenburgischen Straße, denn hier verkaufen hauptsächlich Privatleute, Familien, und man sieht den Sachen an, dass sie aus gepflegten Haushalten stammen.

Chaotischer und ein bisschen jünger ist der Verkäufer- und Käuferdurchschnitt auf meinem Standard-Flohmarkt am Schöneberger Rathaus. Oh, hat da nicht Kennedy damals ...? Doch, genau. Im Juni 1963 besuchte John F. Kennedy Berlin, er stellte sich auf den Balkon des Rathauses und sagte, hungrig und unterzuckert vom vielen Reisen: »Ick will oin Berliner«, was später leicht modifiziert in die Geschichtsbücher einging. Dem historischen Ort huldigen Wochenende für Wochenende ein paar gute und ein paar komische Händler, verkaufen Nippes und Trödelkram aus Umzugskartons, aber die meisten Stände werden von Privatleuten gemietet, Freundinnen, die endlich Berge an Klamotten und Haushaltsgedöns loswerden wollen. Da viele der Stände überdacht sind, lohnt sich dieser Flohmarkt auch bei schlechterem Wetter, selbst wenn dann nicht ganz so viel los ist. Was ja für einen Schnäppchen-Jäger ideal ist.

Wer eher im Osten der Stadt herumschwirrt, der sollte sich die Flohmärkte auf dem Arkonaplatz oder am Boxhagener Platz nicht entgehen lassen. Und weil sie jeweils mitten im Herzen ihrer Bezirke liegen, wird ein Gang zum Flohmarkt gerne auch noch mit dem Davor und Danach garniert, was Frühstück und Mittagessen bedeuten kann. Cafés gibt es dort jedenfalls genug – das ist bei den erstgenannten Flohmärkten nicht unbedingt der Fall.

60

Schiffstour: Der sanfteste Weg, um durch die Stadt zu gleiten

EINSTIEGS- UND AUSSTIEGSMÖGLICHKEITEN
FAST ÜBERALL IN BERLIN
ADRESSEN, ABFAHRTSZEITEN
UND DAUER DER FAHRTEN SIEHE
HOMEPAGE DER JEWEILIGEN
REEDEREI, U. A.:

REEDEREI RIEDEL
WWW.REEDEREI-RIEDEL.DE

REEDEREI BRUNO WINKLER
WWW.REEDEREIWINKLER.DE

STERN UND KREISSCHIFFFAHRT
WWW.STERNUNDKREIS.DE

Die Spree und ich, wir hatten schon tolle Erlebnisse. Einmal war ich zu Gast bei einer Party, die auf einem Ausflugsdampfer stattfand. 60 Menschen in Feierlaune fielen über ein Buffet her, enterten die Bar, rotierten auf der von Tischen und Stühlen befreiten Tanzfläche und stellten sich immer wieder an Deck, um die Endorphine eines ausgelassenen Abends durch den feucht getanzten Stoff ihrer Kleider und Hemden in die Nacht zu verdunsten (Große Tour, 6 Stunden).
Ein anderes Mal buchte ich mit der bekannten Köchin und Restaurantbesitzerin Sarah Wiener für ein Interview die Tour durchs Regierungsviertel (1 Stunde). Draußen goss es in Strömen,

und so waren wir ungeplant die einzigen Passagiere an Bord, sie, ich, das Kamera-Team und die kleine Dampfer-Crew. Unserem Gespräch tat dies keinen Abbruch, ich kann eine Regenwasserfahrt nur empfehlen. Der Berlin-Film, der lautlos und in gemächlichem Tempo an unseren Fenstern vorbeiglitt, wurde durch das Wetter und seine Farben in schwarz-weiß gedreht, hier und da durchbrochen von ein paar bunten Schirmen und Passanten, die sie trotzig dem Wind entgegenhielten. Hier drinnen waren wir geschützt, bissen in knackige Würstchen und teilten uns den Senf, während die fleißigen Kulissenschieber da draußen das Panorama bei jedem Blick durch die Scheiben schon wieder verändert hatten. Es existieren noch ein paar andere Schiff-Geschichten, die ich erzählen könnte, aber im Großen und Ganzen sagen sie alle eins: Wer diese Stadt kennenlernen oder die Beziehung vertiefen möchte, dem bieten sich dazu auf Booten, Schiffen und Dampfern wunderbare Gelegenheiten.

Anbieter und Touren gibt es reichlich, von kurz (1 Stunde) über mittel (2,5 Stunden) bis lang (4-6 Stunden plus Dinner). Einige müssen im Vorfeld gebucht werden, andere funktionieren nach dem »Hop on, hop off«-Prinzip: Wie bei Bus-Touren gibt es die Möglichkeit, an zahlreichen Haltestellen bzw. Anlegern ein- und auszusteigen. Es ist möglich, von Berlin bis nach Potsdam oder in den Spreewald zu fahren und dabei – je nach Angebot – leckere Menüs zu buchen. Bei gutem Wetter ist natürlich ordentlich was los auf der Spree, da treffen dann die kleinen auf die großen Boote, Ausflugsdampfer auf private Kähne, man winkt sich zu oder lässt es müde sein, je nachdem, wie viele Begegnungen bereits hinter einem liegen. Auf einigen Touren ist der Guide ein Mensch aus Fleisch und Blut, auf anderen steckt man ihn sich ins Ohr, als Audio-Führung. Man muss sich nur für eines der zahlreichen Programme entscheiden. So gibt es historische Brückentouren und Fahrten, die die geschichtliche Bedeutung Berlins in verschiedenen Epochen beleuchten und unmissverständlich verdeutlichen, wie ärgerlich es doch ist, so vieles mal gewusst und das meiste davon wieder vergessen zu haben. Ein Königreich für gute Geschichtslehrerinnen und -lehrer! Es gibt Fahrten ohne Chichi, es gibt Touren mit Whisky-Verkostung und Krimilesungen, es gibt »typisch berlinische Touren« mit Geschichten, Chansons und Snacks aus dem Milieu und so weiter und so fort.

show at

Und noch mal: Bootstouren bei schlechtem Wetter können wundervoll sein, davon schwärmt nicht nur der geübte Melancholiker. Wenn sich das Wasser unter einem mit dem Wasser über einem verbindet und man selbst in einer verglasten Kapsel sitzt, die sich lautlos durch die Stadt schiebt, vorbei an alten und neuen, maroden und schicken Plätzen, dann besteht die Chance, die eigenen Gedanken endlich mal etwas lauter zu hören.

REGISTER